Gestión de
la formación

Gestión de
la formación

Mercedes Fernández Correas
Sara Jiménez Jiménez
Silvia López García

Paraninfo | ESPECIALIDADES FORMATIVAS

Paraninfo

© Ediciones Paraninfo, SA, 2025
   1.ª edición, 2025

© Mercedes Fernández Correas
© Sara Jiménez Jiménez
© Silvia López García

C/ Sierra de Guadarrama 35. Naves 2, 3, 4 y 5
Pol. Ind. San Fernando II,
28830 San Fernando de Henares
Teléfono: 914 463 350
clientes@paraninfo.es / www.paraninfo.es

Producción: Nacho Cabal Ramos
Diseño y maquetación: Ediciones Nobel

ISBN: 978-84-283-6802-5
Depósito legal: M-11725-2025
(32.009)

Impreso en España
Liberdigital (Casarrubuelos, Madrid)

La editorial recomienda que el alumnado realice las actividades sobre el cuaderno y no sobre el libro.

Este manual desarrolla la especialidad formativa denominada Gestión de la formación. Con código SSCE080PO.

El objetivo general es gestionar el proceso de formación, desde la detección de necesidades hasta la evaluación.

El libro responde fielmente al desarrollo curricular establecido en los cuatro módulos formativos que integran el programa formativo:

Módulo 1: La formación en la gestión de los RR. HH.
Módulo 2: Las necesidades de formación
Módulo 3: Planificación de la formación y puesta en marcha
Módulo 4: Evaluación

El cómputo total de horas formativas es de 25.

Las unidades del libro se acompañan de multitud de **recursos didácticos** que ayudarán a la mejor comprensión de la materia de estudio:

- Desarrollo del currículo oficial.
- Lenguaje claro y sencillo que favorece la comprensión.
- Explicaciones exhaustivas y rigurosas, pero también amenas y asequibles.
- Gran cantidad de fotografías.
- Actividades finales de comprobación de tipo test en todas las unidades.
- Argot técnico con los términos más relevantes para facilitar su consulta.

Este libro cuenta con el **solucionario** de las actividades incluidas en el libro al que puede accederse previo registro, desde la ficha web de este libro en www.paraninfo.es.

Solucionario disponible en

www.paraninfo.es

Presentación

Contenido

Introducción

Los recursos humanos son un pilar fundamental dentro de cualquier organización, ya que representan los servicios productivos que las personas ofrecen a la empresa. Estos recursos están estrechamente relacionados con las habilidades, los conocimientos y las capacidades cognitivas de los individuos, los cuales permiten razonar, tomar decisiones acertadas y enfrentar los diversos desafíos que surgen en el entorno laboral.

La gestión eficaz de estos recursos es esencial para el desarrollo organizacional, pues la calidad y el compromiso del equipo de trabajo son determinantes para el éxito de cualquier proyecto o empresa.

Desde el enfoque de la gestión de la formación, la formación se puede definir como un proceso integral y continuo que busca alinear las cualidades, competencias y conocimientos del alumnado con las necesidades específicas de la actividad laboral que desempeña.

Este proceso se lleva a cabo a través de la mejora constante y la actualización de las capacidades, actitudes, habilidades y aptitudes que son necesarias para optimizar el rendimiento de los estudiantes en su ámbito profesional.

En este sentido, la formación no solo se ve como un mecanismo para adquirir conocimientos técnicos, sino como un espacio para desarrollar una mentalidad flexible, proactiva y resolutiva, que permita a las personas enfrentarse a los retos de un mundo laboral cada vez más exigente.

Figura 1. Profesionales para la formación.

LA FORMACIÓN COMO PROCESO CONTINUO DE APRENDIZAJE

Es importante entender que la formación no es un evento aislado ni un objetivo con un punto final, sino un proceso continuo de aprendizaje. Este proceso debe ir más allá de la mera adquisición de conocimientos: se trata de un camino de desarrollo tanto personal como profesional para el estudiante. La formación permite a los trabajadores fortalecer las competencias clave que requieren para desempeñar de manera efectiva su labor dentro de la empresa, pero también fomenta el crecimiento individual, ayudándolos a potenciar sus capacidades en un entorno que promueve la innovación y el cambio constante.

El proceso de formación es especialmente relevante en un contexto de constante evolución, donde las demandas del mercado laboral y las necesidades de las organizaciones están en constante transformación. En este sentido, la formación contribuye no solo al desarrollo de habilidades técnicas y específicas, sino también al fortalecimiento de competencias transversales como la comunicación efectiva, el trabajo en equipo, la toma de decisiones y la adaptabilidad. Estas competencias son esenciales para que el alumnado pueda mantenerse competitivo y aportar un valor continuo a la empresa, en un entorno cada vez más dinámico y globalizado.

Cuando se lleva a cabo una gestión adecuada de la formación, no solo se contribuye al desarrollo de las personas, sino que también se impulsa el crecimiento de la empresa. La capacitación de los estudiantes es clave para mejorar la eficiencia operativa, aumentar la motivación y el compromiso de los empleados, así como fomentar una cultura organizacional orientada al aprendizaje y la mejora continua. En un mercado laboral altamente competitivo y en constante cambio, las empresas que invierten en la formación de su personal cuentan con una ventaja estratégica significativa, ya que sus equipos están mejor preparados para enfrentar los desafíos y adaptarse a las nuevas demandas.

Además, la formación permite identificar y potenciar las fortalezas de cada miembro del equipo, mientras que también contribuye a detectar áreas de oportunidad en las que se puede seguir mejorando.

Así, a través de una estrategia de formación bien estructurada, se fomenta un ambiente de trabajo colaborativo y de crecimiento compartido, en el que cada integrante del equipo contribuye activamente al éxito colectivo.

1

La formación en la gestión de los RR. HH.

Los recursos humanos son considerados como uno de los activos más
valiosos dentro de cualquier organización. Representan los servicios
productivos que las personas ofrecen a la empresa, y su contribución
está estrechamente vinculada a sus
habilidades, conocimientos, competencias y capacidades cognitivas.

Estos profesionales tienen la capacidad de razonar, tomar decisiones informadas y actuar de manera eficiente frente a los desafíos que el entorno laboral presenta. La adecuada gestión de los recursos humanos es esencial, ya que no solo permite el funcionamiento fluido de la organización, sino que también contribuye al crecimiento y la sostenibilidad a largo plazo de esta.

La identificación y evaluación de los recursos humanos de una organización constituye un proceso altamente complejo y desafiante.

Este proceso implica una valoración profunda de las competencias, habilidades y actitudes del alumnado dentro de la organización, con el fin de asignarle las funciones más adecuadas a sus capacidades y motivaciones.

A diferencia de la creencia común de que las cualificaciones formales son el único indicador de la capacidad de un trabajador, las organizaciones modernas tienden a valorar en mayor medida la flexibilidad, el potencial de aprendizaje, la capacidad para adaptarse a nuevas situaciones y, especialmente, la habilidad para trabajar en equipo. Estas competencias blandas juegan un papel fundamental, pues el entorno empresarial actual demanda profesionales que no solo estén preparados en términos técnicos, sino que también sean capaces de colaborar eficazmente en un equipo y afrontar los cambios de manera proactiva.

Figura 1.1. Equipos de profesionales en la formación.

La cultura organizativa de una empresa es un componente vital que influye profundamente en la destreza y la motivación de los empleados. Esta cultura está formada por los valores, tradiciones y normas sociales que se han establecido a lo largo del tiempo dentro de la organización. Una cultura organizativa sólida y bien definida contribuye a la creación de un ambiente laboral que fomente el compromiso, la innovación y el sentido de pertenencia. A través de la formación, es posible reforzar esta cultura, alinear a los estudiantes con los objetivos organizacionales y promover un ambiente laboral donde el aprendizaje y el crecimiento sean constantes.

TIPOS DE FORMACIÓN EN EL CONTEXTO LABORAL

La formación laboral se puede aplicar en diversas situaciones y contextos, adaptándose a las necesidades específicas de los diferentes colectivos dentro de la empresa.

Existen tres tipos principales de formación que pueden ser relevantes según el perfil del alumnado:

- **Formación de jóvenes:** este tipo de formación tiene como objetivo dotar a los jóvenes de las técnicas y habilidades necesarias para facilitar su integración en el mundo laboral. Dependiendo de las necesidades específicas, esta formación puede ser de carácter general, abordando aspectos básicos del desarrollo profesional, o más especializada, enfocándose en un área específica de conocimiento que les permita perfeccionar sus capacidades para el desempeño de un puesto concreto.

- **Formación para colectivos con experiencia laboral que atraviesan situaciones de desempleo:** este tipo de formación es especialmente relevante para aquellas personas que han adquirido experiencia en el ámbito laboral, pero que, debido a diversas circunstancias, se encuentran en una situación de desocupación. La formación puede ser una herramienta crucial para la reinserción laboral, ofreciendo nuevas oportunidades en sectores diferentes o brindando el perfeccionamiento necesario para acceder a puestos de mayor responsabilidad.

- **Formación de trabajadores en situación laboral:** este tipo de formación está orientada a mejorar la capacidad laboral y el rendimiento de los empleados en su puesto de trabajo actual, así como a proporcionarles las herramientas necesarias para optar a una promoción o cambio de puesto dentro de la organización. Esta formación puede ser clave tanto para optimizar las competencias técnicas y específicas como para fomentar el desarrollo de habilidades transversales que favorezcan su adaptación a nuevas responsabilidades.

En muchos casos, la formación se lleva a cabo de manera integral, abarcando no solo los recursos humanos, sino también los materiales y tecnológicos. Un ejemplo claro de esto es la capacitación de los empleados (recursos humanos) en el uso de nuevas herramientas o dispositivos (recursos tecnológicos). Este enfoque integral permite asegurar que los trabajadores no solo cuenten con las competencias personales necesarias, sino que también tengan los conocimientos técnicos requeridos para utilizar de manera óptima las herramientas y recursos disponibles en la empresa. Esta integración entre recursos humanos, materiales y tecnológicos contribuye a crear un entorno más eficiente y colaborativo, donde los diferentes elementos de la organización trabajan de manera sincronizada para alcanzar los objetivos empresariales.

Figura 1.2. Formación para todos los sectores.

ELEMENTOS CLAVE DE UN PLAN DE FORMACIÓN

La creación de un plan de formación eficaz es fundamental para garantizar que los recursos humanos de la empresa estén capacitados para afrontar los desafíos del entorno laboral.

Los elementos que deben incluirse en dicho plan son los siguientes:

- **El público al que va dirigido:** identificar el perfil del alumnado es crucial para diseñar un programa formativo adecuado a sus necesidades y nivel de competencia.

- **Las acciones formativas necesarias:** estas acciones deben estar alineadas con los objetivos de la empresa y las áreas de mejora detectadas en los trabajadores.

- **El presupuesto disponible:** es importante contar con una estimación realista de los recursos financieros necesarios para llevar a cabo el plan de formación.

- **Los resultados esperados:** definir los objetivos de la formación y los resultados concretos que se esperan alcanzar.

- **La evaluación de la formación:** el proceso formativo debe incluir mecanismos de evaluación para medir la efectividad de las acciones formativas implementadas.

- **El grado de consecución de los resultados:** es fundamental realizar un seguimiento posterior para analizar si los objetivos planteados en el plan de formación se han alcanzado y qué impacto ha tenido en el rendimiento de los estudiantes.

Figura 1.3. Adaptar los planes de formación a las necesidades.

LA FORMACIÓN COMO ESTRATEGIA EMPRESARIAL

La formación debe ser concebida como una actividad estratégica para la empresa, con un enfoque sistemático y planificado. El objetivo principal es capacitar al alumnado para que pueda llevar a cabo tareas progresivamente más complejas y con mayores responsabilidades dentro de la organización.

Además, la formación debe orientarse a la actualización constante de los conocimientos y habilidades que la evolución tecnológica exige, garantizando que los empleados mantengan su competitividad en un mercado cada vez más cambiante.

De esta manera, la formación no solo contribuye al desarrollo de competencias técnicas, sino que también favorece el crecimiento personal de los trabajadores, convirtiendo el trabajo en una fuente de satisfacción y aprendizaje constante.

La implementación de una estrategia de formación bien estructurada es clave para que las empresas puedan mantenerse a la vanguardia, promoviendo la innovación y la mejora continua en todos los niveles organizacionales.

LA FORMACIÓN COMO UN ELEMENTO CLAVE EN LA PLANIFICACIÓN ESTRATÉGICA ORGANIZACIONAL

En definitiva, la formación no debe ser vista como un aspecto aislado o independiente dentro de la actividad de una organización empresarial. Más bien, debe considerarse como un instrumento fundamental e integral en la planificación estratégica de la empresa. Su rol es clave para definir las metas y objetivos organizacionales, mejorar los procesos internos, optimizar el rendimiento y aumentar el nivel de satisfacción tanto de los empleados como de la sociedad en general. La formación, en este sentido, es un motor de cambio y mejora continua, ya que permite que la organización se adapte a los nuevos desafíos y aproveche las oportunidades en un entorno dinámico y competitivo.

Al ser un componente crucial en la estrategia empresarial, la formación debe alinearse estrechamente con la visión, misión y objetivos de la empresa. De esta manera, se garantiza que los empleados no solo adquieran nuevas competencias, sino que también contribuyan directamente al éxito global de la organización, actuando como agentes de cambio dentro de la misma. En un contexto empresarial que exige flexibilidad, innovación y mejora constante, la formación se convierte en una herramienta imprescindible para mantener y fortalecer la competitividad.

Siguiendo una perspectiva de carácter sistémico, la formación se entiende en la actualidad dentro de un concepto empresarial que la ve como un sistema social abierto e integrado, que interactúa de manera constante con su entorno. Este entorno está compuesto por una serie de factores sociales, políticos, económicos, tecnológicos y axiológicos, que conforman la realidad dinámica en la que la organización opera.

Estos elementos externos son la fuente de una serie de «inputs» que la organización recibe y transforma. Los *inputs* pueden adoptar diversas formas, tales como materias primas, información, recursos financieros, tecnológicos o, lo más importante, los recursos humanos.

Una vez que la empresa recibe estos recursos, los procesa, los adapta y los transforma en productos o servicios que posteriormente devuelve a la sociedad en forma de «outputs». Este intercambio continuo entre la empresa y su entorno es fundamental para el éxito y la sostenibilidad de la organización, ya que permite que la empresa se mantenga alineada con las demandas del mercado y las necesidades de sus *stakeholders* (los grupos de interés).

Figura 1.4. Realizar una buena selección es primordial.

DIFERENCIACIÓN ENTRE PROCESOS DE APRENDIZAJE INDIVIDUAL Y ORGANIZATIVO

Es esencial destacar la diferencia entre los procesos de aprendizaje de ámbito individual y de ámbito organizativo.

Mientras que los procesos de aprendizaje individual se centran en la formación profesional, el desarrollo de conocimientos y habilidades específicas, así como en la incorporación de determinadas actitudes y aptitudes por parte de los empleados, los procesos de aprendizaje organizativo están orientados a los resultados del trabajo en equipo. En este caso, el aprendizaje se da a través de las relaciones interpersonales y la colaboración, con el objetivo de alcanzar los fines organizativos comunes y el desarrollo de una cultura de aprendizaje compartido.

El aprendizaje organizativo va más allá de la simple acumulación de conocimiento; se trata de un proceso colectivo que permite a la organización adaptarse, innovar y evolucionar como un sistema integral. De esta manera, los procesos formativos que se desarrollan en los ámbitos individual y organizativo se complementan entre sí, contribuyendo a un aprendizaje más profundo y a la creación de valor en los ámbitos tanto personal como colectivo.

LOS ENFOQUES CLAVE EN LOS PROCESOS FORMATIVOS DENTRO DE ORGANIZACIONES EXPANSIVAS

Cuando una organización tiene un carácter expansivo y se encuentra en una fase de crecimiento, los procesos formativos que se desarrollan deben apoyarse en diversas disciplinas o enfoques particulares. Estos enfoques son fundamentales para garantizar que la organización pueda escalar de manera efectiva y sostenible.

Los cinco enfoques clave en estos procesos de formación son:

- **Dominio personal y profesional de los trabajadores:** la formación debe centrarse en el desarrollo integral del trabajador, fortaleciendo sus competencias técnicas y transversales, y preparando a los empleados para enfrentar las demandas del puesto y los retos de la empresa.

- **Sistema de razonamiento y actuación organizativa:** es fundamental que los trabajadores comprendan el sistema de funcionamiento de la empresa y los valores que la sustentan. La formación debe ayudar a los empleados a adoptar un enfoque coherente con la estrategia organizacional.

- **Liderazgo compartido:** la formación en liderazgo debe estar orientada a la creación de una cultura de liderazgo compartido, donde todos los miembros del equipo asuman roles de responsabilidad y contribuyan al logro de los objetivos organizacionales.

- **Aprendizaje en equipo:** la formación debe promover el trabajo en equipo y la colaboración efectiva entre los miembros de la organización, con el objetivo de alcanzar resultados sinérgicos que beneficien a la empresa en su conjunto.

■ **Integración sistémica de los anteriores enfoques en un proyecto organizacional común:** finalmente, todos estos enfoques deben estar integrados dentro de un proyecto organizacional común, garantizando que cada uno de los componentes de la formación esté alineado con los objetivos estratégicos de la empresa.

LA FORMACIÓN COMO SOPORTE PARA LAS POLÍTICAS EMPRESARIALES

En la medida en que la empresa establezca políticas y estrategias para el mantenimiento o la ampliación de su dimensión y competitividad, o para ajustarse a las coyunturas de su sector y mercado, el plan de formación debe convertirse en un pilar fundamental que apoye el éxito de estas políticas. La formación debe estar diseñada para facilitar la implementación de estas estrategias, asegurando que los empleados estén preparados para enfrentar los retos y aprovechar las oportunidades que surjan.

Si las políticas de la organización son de carácter expansivo, el plan de formación debe estar diseñado para enfrentar las características coyunturales, como la incorporación de nuevo personal o la captura de nuevos segmentos de mercado. En este contexto, la formación debe incluir acciones que faciliten la rápida adaptación de los nuevos empleados a la cultura organizativa y a los valores de la empresa, además de potenciar sus habilidades para acceder a esos nuevos mercados o segmentos que la empresa desea conquistar.

Por otro lado, si las políticas son de ajuste y concentración, el plan de formación debe centrarse en optimizar los recursos existentes, promoviendo la mejora en la gestión de costos, la creación de sinergias, el reciclaje y la reconversión de puestos. En este caso, el objetivo es mejorar la eficiencia interna y adaptarse a un entorno de mayor competitividad o de reducción de recursos.

Figura 1.5. Potenciar las capacidades de nuestros equipos.

LA PROYECCIÓN DEL PLAN DE FORMACIÓN HACIA POLÍTICAS SECTORIALES Y ORGANIZATIVAS

De las políticas generales de la empresa pueden derivarse políticas de gestión y desarrollo de los recursos humanos de carácter sectorial. Estas políticas sectoriales tienen como objetivo concretar las prioridades de formación que la organización requiere para cumplir con sus objetivos. El plan de formación debe alinearse con estas prioridades, desarrollando acciones específicas que respondan a las necesidades del colectivo de trabajadores y apoyen el cumplimiento de las políticas organizacionales de promoción, formación y desarrollo.

El plan de formación, en este sentido, debe ser flexible y adaptable, permitiendo a la empresa ajustarse a los cambios internos y externos. Debe identificar las áreas clave de desarrollo dentro de la organización y reflejar las necesidades de aprendizaje que surjan de las políticas estratégicas de la empresa.

Además, debe hacer un enfoque en las acciones de planificación que faciliten la estructura de desarrollo organizativo, promoviendo un crecimiento continuo y sostenible tanto en el ámbito personal como en el colectivo.

Figura 1.6. Necesitamos equipos de trabajo preparados.

EL PLAN ESTRATÉGICO DE LA EMPRESA: INTEGRACIÓN DE LOS RECURSOS HUMANOS, MATERIALES Y TECNOLÓGICOS

El plan estratégico de la empresa debe abordar de manera integral los recursos materiales, humanos y tecnológicos que la organización necesita para cumplir con sus objetivos. Este es un punto clave que ya hemos identificado y comprendido de manera clara. Sin embargo, lo que a menudo se pasa por alto es la necesidad de una integración efectiva y alineada de estos recursos en un plan estratégico global que contemple las diversas áreas de la gestión de los recursos humanos. Esta integración no solo facilita la operación diaria de la empresa, sino que también optimiza la ejecución de sus metas a largo plazo.

Dentro del plan estratégico de recursos humanos, se deben incluir componentes fundamentales que guíen el desarrollo y bienestar del personal. Entre estos componentes destacan los planes de empleo, las relaciones laborales, la selección y evaluación de personal, el desarrollo de los recursos humanos, la comunicación interna y la salud laboral.

Cada uno de estos aspectos juega un papel crucial en el éxito organizacional, ya que inciden directamente en la calidad de los equipos de trabajo, la productividad y el ambiente laboral.

A su vez, el plan estratégico de recursos humanos debe integrar otros sistemas específicos que gestionen áreas críticas dentro de la organización, tales como la planificación de la plantilla, la valoración de puestos de trabajo, la negociación y ejecución de convenios colectivos, la selección y evaluación continua de personal, los planes de carrera para el desarrollo interno y el bienestar de los trabajadores, y las medidas de seguridad e higiene en el trabajo.

Todos estos elementos forman un entramado interconectado que asegura una gestión coherente y eficiente de los recursos humanos.

Figura 1.7. Mantener actualizada nuestra base de datos de profesionales.

EL PLAN ESTRATÉGICO DE FORMACIÓN: ESTRATEGIAS PARA EL DESARROLLO DE LOS RECURSOS HUMANOS

En el contexto de los planes estratégicos mencionados, un aspecto central es el plan estratégico de formación. Este plan debe establecer las líneas estratégicas necesarias para asegurar que la organización pueda actualizar las competencias y habilidades de su personal, contribuyendo al desarrollo de los recursos humanos y, por ende, al crecimiento organizacional. Un plan de formación bien diseñado no solo beneficia a los empleados, sino que también genera un impacto directo en la competitividad y sostenibilidad de la empresa a largo plazo.

El plan de formación debe estar orientado a mejorar las competencias de los trabajadores, preparándolos para enfrentar los retos del entorno laboral y posibilitarles la adaptación a los constantes cambios tecnológicos, organizacionales y del mercado. La formación no solo debe estar vinculada a las necesidades operativas de la empresa, sino también a las necesidades personales de desarrollo profesional de los trabajadores, lo que promueve una cultura organizacional de aprendizaje y mejora continua.

COMPONENTES CLAVE EN UN PLAN DE FORMACIÓN

Un plan de formación exitoso se basa en una serie de componentes clave, los cuales deben estar claramente definidos para garantizar su efectividad.

Estos componentes incluyen tanto el desarrollo de competencias específicas como la promoción personal y profesional, dos elementos esenciales que cualquier plan de formación debe contemplar.

- **Desarrollo de competencias:** este componente se refiere a la obtención de habilidades «expertas» y precisas necesarias para realizar de manera óptima y observable una actividad o tarea laboral específica. Este desarrollo se basa en la adquisición de conocimientos técnicos y prácticos que los trabajadores deben tener para desempeñar su rol de manera eficiente. Además, el desarrollo de competencias es un proceso continuo que permite a los empleados mejorar su rendimiento y adaptación a nuevas tecnologías o metodologías.

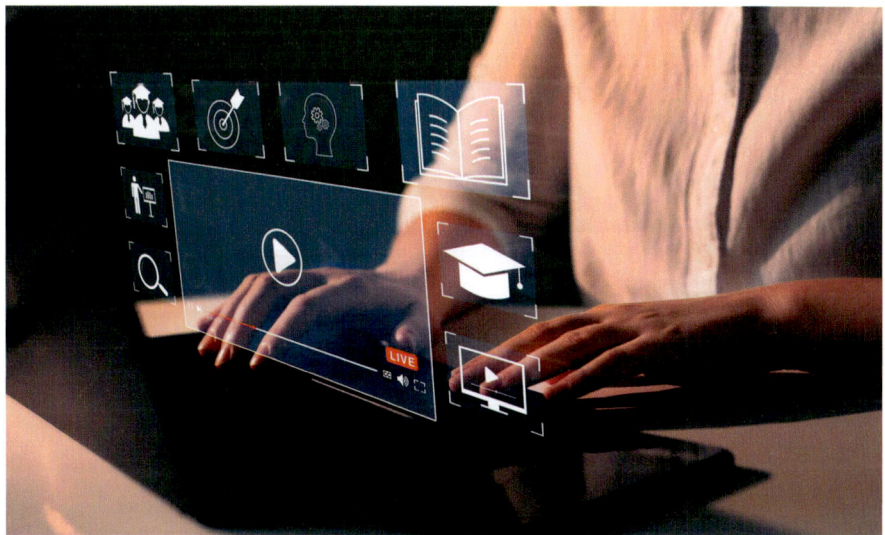

Figura 1.8. Formación continua de los docentes.

- **Promoción personal y profesional:** este componente se enfoca en el incremento de los conocimientos y la inteligencia del trabajador, lo que se refleja en su evolución dentro de la empresa. La promoción personal y profesional permite que los empleados puedan acceder a nuevas responsabilidades, ascensos laborales y un mayor nivel de jerarquía. Además, fomenta el crecimiento tanto en el ámbito técnico como en el personal, lo que contribuye a la satisfacción y motivación dentro de la organización. La formación, en este sentido, se convierte en un vehículo para el desarrollo de talento y la retención de este en la empresa.

1.1. La función de la formación en la gestión de los recursos humanos

Uno de los elementos clave en la gestión de los recursos humanos es la elección adecuada del método de formación. Esta elección depende de diversas variables, tales como las competencias y las preferencias del formador involucrado, así como de las características del alumnado que recibirá la formación. En un entorno centrado en el alumnado, es esencial que el método elegido esté alineado con las necesidades y expectativas de los participantes en la acción formativa. Esto asegura que la formación sea relevante, efectiva y bien recibida por quienes la reciben.

Aunque algunos departamentos de formación cuentan con recursos avanzados y tecnología de punta para facilitar los procesos de enseñanza y aprendizaje, la realidad de muchas organizaciones es que existen limitaciones significativas en cuanto a los recursos disponibles. Estos obstáculos pueden variar dependiendo del contexto, pero algunos de los más comunes incluyen:

- **Herramientas básicas:** en muchos casos, la falta de equipamientos adecuados, como proyectores, pantallas o dispositivos electrónicos de apoyo, puede dificultar el desarrollo de acciones formativas de calidad.

Figura 1.9. Proporcionar formación a nuestros docentes.

■ **Aparatos de apoyo:** otros recursos como fotocopiadoras, reproductores de vídeo o material didáctico complementario pueden ser escasos, lo que limita la capacidad de los formadores para ofrecer una experiencia formativa completa.

■ **Espacio para la formación:** la falta de espacio adecuado para llevar a cabo sesiones formativas, que pueden variar en cuanto a su tipo (presenciales, teóricas, prácticas, etc.), también representa una limitación importante en muchas organizaciones.

Además, es importante destacar que, en muchos casos, las personas involucradas (formadores, organización y participantes) no siempre son conscientes de estas limitaciones, o tienden a subestimarlas. Esto puede llevar a que no se consideren todas las opciones formativas posibles, impidiendo que el equipo de formación tome decisiones amplias y abiertas que optimicen los resultados de la acción formativa.

Las limitaciones en recursos no deben verse como barreras, sino como desafíos que requieren creatividad y adaptación por parte de todos los involucrados, para asegurar que la formación sea igualmente efectiva y accesible.

Figura 1.10. Seleccionar las herramientas de formación.

1.2. La formación como proceso

La formación, entendida como un proceso continuo, es mucho más que un simple acto de aprendizaje. Es un camino dinámico y constante que permite a los empleados crecer tanto personal como profesionalmente. A través de este proceso, los trabajadores desarrollan las competencias necesarias para desempeñar eficazmente sus funciones laborales, lo que a su vez contribuye a la mejora y optimización de los resultados organizacionales.

Esta constante mejora de habilidades y conocimientos no solo beneficia a los trabajadores en su desempeño diario, sino que también juega un papel crucial en el fortalecimiento de la empresa, al permitir que los empleados se involucren de manera activa en el desarrollo y crecimiento de la misma.

A lo largo de su carrera, los empleados deben contar con un proceso formativo continuo que se ajuste a las demandas del mercado y las exigencias del puesto de trabajo. Esto no solo se refiere a la actualización de conocimientos técnicos, sino también a la adquisición de habilidades interpersonales, liderazgo, trabajo en equipo y resolución de conflictos, entre otras.

Al mismo tiempo, la formación fomenta la participación activa del trabajador en la toma de decisiones estratégicas y en la mejora de los procesos dentro de la empresa.

LA FORMACIÓN COMO VENTAJA COMPETITIVA PARA LAS ORGANIZACIONES

Uno de los principales beneficios de una formación bien estructurada es que puede convertirse en una ventaja competitiva clara para las organizaciones. Esto se debe a que un programa formativo que se ajuste de manera precisa a las necesidades y los intereses de la empresa no solo mejora la eficiencia operativa, sino que también promueve una cultura organizacional sólida y adaptativa. En un entorno empresarial cada vez más competitivo y dinámico, contar con un equipo de trabajo altamente capacitado es un factor clave para la supervivencia y el éxito a largo plazo.

Figura 1.11. Potenciar la formación continua de nuestros equipos.

Cuando una organización invierte en la formación de su personal, no solo está mejorando las capacidades de los empleados, sino también fortaleciendo su posición en el mercado. Al mantener a los empleados actualizados en cuanto a las últimas tendencias tecnológicas, metodológicas y de gestión, la empresa puede asegurarse de que su personal esté preparado para enfrentar los desafíos del entorno competitivo, manteniendo su relevancia y capacidad de innovación.

FORMACIÓN Y CAPACITACIÓN EN LA PLANIFICACIÓN DE SUCESIÓN Y DESARROLLO DEL LIDERAZGO

Uno de los aspectos más importantes en la gestión de los recursos humanos es la planificación de la sucesión y el desarrollo del liderazgo dentro de la organización. Este proceso de formación resulta esencial para asegurar que la empresa cuente con líderes internos que puedan asumir cargos de mayor responsabilidad y dirigir equipos con eficacia.

Cuando la planificación de sucesión y el desarrollo del liderazgo se integran dentro de la estrategia general de la organización, se disminuye significativamente el riesgo de desgaste de los recursos humanos y se evita la rotación innecesaria de personal clave.

El desarrollo de los recursos humanos permite que las vacantes de nuevos puestos que surjan dentro de la estructura organizativa sean cubiertas por personal interno, lo que reduce la dependencia de la empresa del mercado laboral externo.

Esta estrategia no solo garantiza que los nuevos líderes y responsables estén alineados con los valores, políticas y cultura de la empresa, sino que también asegura una transición más fluida y eficiente en los procesos organizacionales. La promoción interna fortalece la moral del equipo, ya que los empleados sienten que tienen oportunidades reales de desarrollo profesional y crecimiento dentro de la empresa.

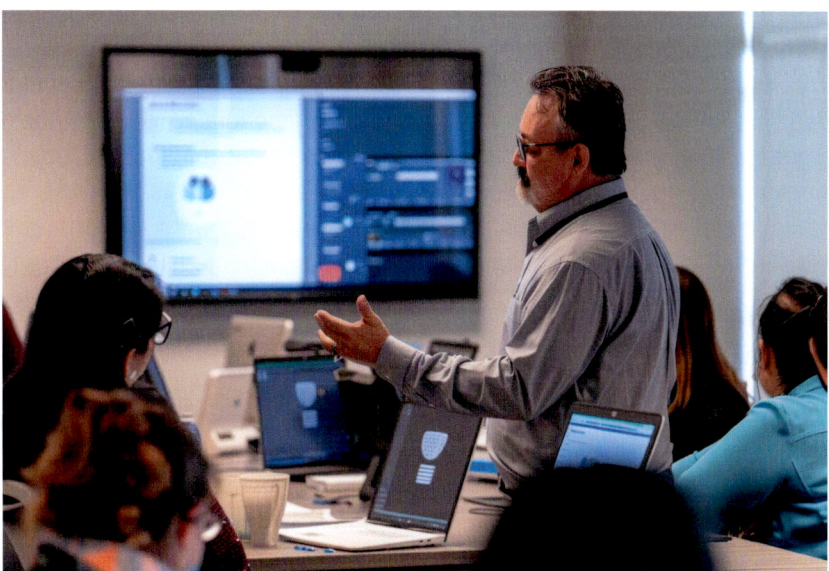

Figura 1.12. Profesionales formados, empresa competitiva.

Además, la planificación estratégica de la sucesión es clave para identificar y formar a las futuras generaciones de líderes de la empresa. Un sistema de formación bien estructurado y alineado con los objetivos estratégicos permitirá que los empleados más capacitados se preparen para asumir funciones de liderazgo, fortaleciendo así la estructura jerárquica y operativa de la organización.

ETAPAS DEL PROCESO DE FORMACIÓN: UN ENFOQUE ESTRUCTURADO Y SISTEMÁTICO

Para que la formación sea verdaderamente eficaz y beneficiosa tanto para la empresa como para los participantes, debe seguir una serie de etapas muy concretas. Cada una de estas fases es crucial para asegurar que el proceso formativo esté bien planificado, ejecutado y evaluado, maximizando su impacto en el desarrollo de los empleados y en la mejora de la competitividad organizacional.

- **Evaluación de las necesidades:** el primer paso en cualquier proceso formativo es la evaluación de las necesidades. Esta etapa implica un análisis exhaustivo de las competencias que deben ser mejoradas o adquiridas por los empleados para cumplir con los requisitos del puesto de trabajo y las expectativas de la empresa.

  Esta evaluación debe basarse en la identificación de brechas de conocimiento, habilidades o actitudes que necesiten ser abordadas a través de la formación. Además, esta evaluación debe involucrar tanto a los trabajadores como a los responsables de los distintos departamentos de la empresa, para asegurar que las acciones formativas sean pertinentes y efectivas.

- **Desarrollo de un plan de formación:** una vez identificadas las necesidades, el siguiente paso es desarrollar un plan de formación detallado. Este plan debe ser específico, orientado a resultados y alineado con los objetivos estratégicos de la organización. El plan de formación debe incluir los temas o áreas de conocimiento a abordar, los métodos de enseñanza a emplear (presenciales, en línea, mixtos), los recursos necesarios (material didáctico, herramientas tecnológicas, espacio para formación, etc.) y el cronograma de las actividades formativas. Además, es fundamental que el plan contemple un sistema de seguimiento para asegurar que las acciones formativas se realicen según lo previsto y para hacer ajustes si es necesario.

- **Impartición de las acciones formativas:** en esta fase se llevan a cabo las acciones formativas propiamente dichas. Es importante que las sesiones sean interactivas, dinámicas y centradas en la participación activa de los trabajadores, asegurando que los contenidos sean asimilados de manera efectiva. Además, la impartición de la formación debe tener en cuenta las diferentes formas de aprendizaje, adaptándose a las necesidades y preferencias de los participantes. La experiencia formativa debe ser enriquecedora tanto en el campo teórico como en el práctico, y debe incluir actividades que fomenten la aplicación directa de los conocimientos adquiridos en el entorno laboral.

■ **Evaluación:** finalmente, la etapa de evaluación es esencial para medir el éxito del proceso formativo. Esta evaluación debe centrarse en determinar si los objetivos establecidos al principio del proceso se han alcanzado, y en qué medida los empleados han logrado mejorar sus competencias. La evaluación puede llevarse a cabo a través de diferentes métodos, como encuestas, exámenes, observación directa o retroalimentación de los participantes. Además, la evaluación debe incluir un análisis de los resultados en el ámbito organizacional, para determinar cómo la formación ha impactado en el desempeño general de la empresa. Es fundamental que los resultados de la evaluación sean utilizados para ajustar y mejorar futuras acciones formativas.

Figura 1.13. Conocer las mejoras en nuestros equipos de trabajo.

1.3. Conclusiones

La formación es, sin lugar a duda, un componente esencial en el desarrollo de los recursos humanos dentro de cualquier organización. No solo es una herramienta para garantizar la mejora continua de las competencias de los trabajadores, sino también un medio clave para asegurar el suministro adecuado de talento humano que permita a la organización cumplir con sus objetivos estratégicos.

En un entorno empresarial caracterizado por la constante evolución, la formación se convierte en un proceso indispensable para la adaptación, innovación y sostenibilidad de las empresas a lo largo del tiempo.

Los avances tecnológicos, las nuevas metodologías de trabajo y los cambios organizativos constantes exigen que las empresas inviertan en la formación continua de su personal.

Esta necesidad de formación constante no solo se centra en la actualización de conocimientos técnicos, sino también en la transformación de los comportamientos y actitudes de los trabajadores, adaptándolos a las nuevas realidades y demandas del mercado. La formación, en este sentido, no solo capacita a los empleados, sino que también facilita su adaptación a los retos emergentes, fortaleciendo su capacidad para gestionar la incertidumbre y los cambios en el entorno empresarial.

LA FINALIDAD DE LA FORMACIÓN: ALINEACIÓN CON LAS NECESIDADES DE LA EMPRESA

El principal objetivo de la formación es el alineamiento de los trabajadores con las necesidades y objetivos de la organización. Esto implica la adopción de comportamientos, actitudes y aptitudes que contribuyan a los fines organizacionales, promoviendo una mejora continua tanto en el ámbito individual como en el colectivo.

Para ello, la formación debe proporcionar un conjunto de conocimientos teóricos y prácticos que capaciten a los empleados para asumir nuevas funciones, adaptarse a nuevos procesos y, en general, desarrollar habilidades que les permitan hacer frente con eficacia a los retos del día a día.

Por ejemplo, la capacitación no solo se refiere a la adquisición de nuevas competencias técnicas, sino también a la mejora de habilidades interpersonales, como la comunicación efectiva, el trabajo en equipo, la resolución de conflictos y el liderazgo.

De esta forma, la formación contribuye no solo al desempeño individual, también a la cohesión y al buen funcionamiento del equipo de trabajo, lo que favorece la productividad y la competitividad de la organización.

OBJETIVOS DE LA FORMACIÓN: ASEGURAR EL CRECIMIENTO Y LA COMPETITIVIDAD DE LA EMPRESA

Para que la formación sea efectiva y responda a las necesidades reales de la organización, los objetivos formativos deben estar claramente definidos.

Los responsables de recursos humanos deben identificar de manera precisa cuáles son las áreas en las que los trabajadores requieren actualización o perfeccionamiento, con el fin de establecer planes de formación coherentes y estratégicamente alineados con la evolución del entorno y las exigencias del mercado.

Los objetivos que se buscan alcanzar con la formación de los trabajadores incluyen:

- **Mejorar las aptitudes:** potenciar las competencias técnicas y no técnicas de los empleados, con el objetivo de aumentar la eficiencia y la eficacia en su desempeño.

- **Facilitar oportunidades:** brindar a los trabajadores la posibilidad de acceder a nuevas oportunidades dentro de la organización, promoviendo su desarrollo personal y profesional y mejorando su empleabilidad.

- **Cambiar actitudes:** fomentar una mentalidad de crecimiento, apertura al cambio, proactividad y resiliencia, que permita a los empleados adaptarse mejor a las transformaciones organizativas y tecnológicas.

- **Incrementar la polivalencia:** desarrollar habilidades que permitan a los trabajadores asumir diferentes roles dentro de la organización, lo que mejora la flexibilidad del equipo y facilita la adaptación a cambios operativos o estructurales.

Figura 1.14. La formación dentro de la propia empresa.

CONSECUENCIAS DE LA FALTA DE FORMACIÓN: IMPACTO NEGATIVO EN LA PRODUCTIVIDAD Y EL BIENESTAR ORGANIZACIONAL

La falta de formación no solo afecta a los empleados de manera individual, sino que tiene un impacto directo en la organización de ámbito global. Las consecuencias de no invertir en formación pueden ser graves y se manifiestan tanto en términos económicos como en aspectos intangibles que afectan el clima organizacional y la moral de los empleados.

Entre las consecuencias más visibles y cuantificables de la falta de formación, se incluye una serie de problemas que afectan a la productividad, la eficiencia y la calidad del trabajo:

- **Baja productividad:** la falta de formación puede llevar a los empleados a realizar su trabajo de manera menos eficiente, lo que reduce el rendimiento general de la organización.

- **Baja calidad:** la falta de conocimientos actualizados y habilidades adecuadas puede resultar en productos o servicios de menor calidad, lo que afecta la competitividad y la satisfacción de los clientes.

- **Mala atención al cliente:** un personal mal preparado en cuanto a habilidades interpersonales y conocimiento de productos/servicios puede afectar negativamente la atención al cliente, lo que repercute en la imagen y reputación de la empresa.

- **Infrautilización de la instalación y maquinaria:** sin formación adecuada, los trabajadores pueden no estar aprovechando al máximo las herramientas y recursos tecnológicos disponibles, lo que lleva a una utilización ineficiente de la infraestructura.

- **Desperdicio de material:** la falta de formación en procesos y técnicas adecuadas puede generar errores operativos que resulten en el desperdicio de materiales o recursos, lo que incrementa los costos de producción.

- **Averías en los equipos y en las instalaciones:** el mal uso de las herramientas o equipos debido a una capacitación insuficiente puede causar fallos mecánicos o técnicos que resulten en costosas reparaciones.

- **Elevado índice de absentismo y accidentes laborales:** la falta de formación en seguridad y en el manejo adecuado de situaciones de riesgo puede aumentar la tasa de accidentes laborales, lo que a su vez genera un aumento en el absentismo y las bajas laborales.

- **Impacto no cuantificable:** consecuencias en el clima laboral y la cultura organizacional.

Además de los impactos económicos directos, la falta de formación genera consecuencias no siempre fáciles de medir, pero igualmente perjudiciales para la organización:

- **Insatisfacción laboral:** la falta de desarrollo profesional y de oportunidades de aprendizaje puede generar frustración y desmotivación entre los empleados, lo que afecta su bienestar laboral.

- **Rotación de personal:** la falta de formación y de oportunidades de crecimiento puede llevar a la deserción de talento, ya sea dentro de la empresa (rotación interna) o hacia otras organizaciones (rotación externa).

- **Desmotivación:** la ausencia de formación provoca un estancamiento en las capacidades de los trabajadores, lo que puede generar desinterés por su labor y una baja en la moral del equipo.

- **Dificultades para la introducción de nuevas tecnologías:** los cambios tecnológicos exigen una capacitación continua. La falta de formación puede generar resistencia al cambio y dificultades en la implementación de nuevas herramientas o procesos.

- **Dificultades en la comunicación:** sin una formación adecuada en habilidades comunicativas y de trabajo en equipo, pueden surgir malentendidos, conflictos y una falta de colaboración entre los empleados, lo que afecta la dinámica laboral.

Figura 1.15. Todas las personas forman parte del éxito de la empresa.

La formación es, sin lugar a duda, un componente esencial en el desarrollo de los recursos humanos dentro de cualquier organización. No solo es una herramienta para garantizar la mejora continua de las competencias de los trabajadores, sino también un medio clave para asegurar el suministro adecuado de talento humano que permita a la organización cumplir con sus objetivos estratégicos.

En un entorno empresarial caracterizado por la constante evolución, la formación se convierte en un proceso indispensable para la adaptación, innovación y sostenibilidad de las empresas a lo largo del tiempo.

Los avances tecnológicos, las nuevas metodologías de trabajo y los cambios organizativos constantes exigen que las empresas inviertan en la formación continua de su personal. Esta necesidad de formación constante no solo se centra en la actualización de conocimientos técnicos, sino también en la transformación de los comportamientos y actitudes de los trabajadores, adaptándolos a las nuevas realidades y demandas del mercado.

La formación, en este sentido, no solo capacita a los empleados, además facilita su adaptación a los retos emergentes, fortaleciendo su capacidad para gestionar la incertidumbre y los cambios en el entorno empresarial.

LA FINALIDAD DE LA FORMACIÓN: ALINEACIÓN CON LAS NECESIDADES DE LA EMPRESA

El principal objetivo de la formación es el alineamiento de los trabajadores con las necesidades y objetivos de la organización. Esto implica la adopción de comportamientos, actitudes y aptitudes que contribuyan a los fines organizacionales, promoviendo una mejora continua tanto en el ámbito individual como en el colectivo. Para ello, la formación debe proporcionar un conjunto de conocimientos teóricos y prácticos que capaciten a los empleados para asumir nuevas funciones, adaptarse a nuevos procesos y, en general, desarrollar habilidades que les permitan hacer frente con eficacia a los retos del día a día.

Por ejemplo, la capacitación no solo se refiere a la adquisición de nuevas competencias técnicas, sino también a la mejora de habilidades interpersonales, como la comunicación efectiva, el trabajo en equipo, la resolución de conflictos y el liderazgo. De esta forma, la formación contribuye no solo al desempeño individual, sino también a la cohesión y al buen funcionamiento del equipo de trabajo, lo que favorece la productividad y la competitividad de la organización.

Figura 1.16. El éxito es un trabajo en equipo.

CAUSAS DE LA NECESIDAD DE FORMACIÓN EN LOS RECURSOS HUMANOS

Las organizaciones operan en un entorno dinámico y cambiante que exige que sus recursos humanos se mantengan actualizados y capacitados para afrontar los desafíos emergentes. En este contexto, las causas que originan la necesidad de formación en los trabajadores son diversas, y su identificación es fundamental para diseñar planes formativos efectivos y alineados con los objetivos estratégicos de la empresa.

Las principales causas que suelen originar esta necesidad de formación incluyen:

- **Creación de nuevos productos:** el desarrollo de nuevos productos o servicios conlleva la necesidad de capacitar a los empleados en los conocimientos y habilidades necesarios para su fabricación, comercialización o prestación. Esto puede implicar formación en nuevas técnicas, herramientas o procedimientos para garantizar la calidad y eficiencia en la producción.

- **Apertura de nuevos mercados:** la expansión hacia nuevos mercados, ya sean nacionales o internacionales, exige que el personal se prepare para comprender las características, demandas y particularidades de esos mercados. Esto puede implicar formación en áreas como la negociación intercultural, marketing interna- cional o conocimiento de normativas y regulaciones específicas de cada mercado.

- **Transformación de la organización:** las empresas constantemente atraviesan pro- cesos de cambio organizativo, como reestructuraciones, fusiones, adquisiciones o la implementación de nuevos modelos de gestión. Estos cambios requieren que los empleados adquieran nuevas competencias para adaptarse a la nueva estruc- tura o metodología de trabajo, así como para gestionar los nuevos desafíos que surgen durante la transición.

Figura 1.17. Entender y encajar en el modelo de trabajo de la empresa.

- **Nuevos centros de trabajo:** la apertura de nuevos centros de trabajo, como sucur- sales, plantas de producción o establecimientos comerciales, demanda formación específica tanto para el personal que se trasladará a esos centros como para los nuevos empleados que serán contratados en ellos.

  Esta formación incluiría aspectos técnicos, operativos y organizativos, con el fin de asegurar una integración efectiva en la nueva ubicación.

- **Detección de calidad insuficiente:** cuando se detectan deficiencias en la calidad de los productos o servicios, es necesario implementar programas formativos para corregir esos problemas. La formación puede abordar desde técnicas de control de calidad hasta habilidades específicas para mejorar la producción, la atención al cliente o los procesos operativos, con el fin de asegurar que los empleados estén bien preparados para cumplir con los estándares de calidad exigidos.

- **Introducción de nuevas tecnologías:** la digitalización y la innovación tecnológica son factores clave en la evolución de las empresas. La incorporación de nuevas

tecnologías, ya sea en forma de maquinaria, software o herramientas digitales, requiere que los trabajadores reciban formación específica para poder utilizarlas de manera eficiente y efectiva.

Esto incluye tanto la formación técnica sobre el uso de la tecnología como el desarrollo de competencias en la gestión de datos, seguridad cibernética y otras habilidades digitales.

- **Racionalización de los procesos productivos:** la mejora en los procesos productivos, ya sea a través de la automatización, la optimización de recursos o la mejora en la eficiencia operativa, requiere la capacitación del personal en nuevos procedimientos y prácticas.

  La formación en este ámbito puede estar dirigida a la gestión de procesos, la mejora continua o la implementación de nuevas metodologías como el control de inventarios o la gestión de la cadena de suministro.

- **Mejora de la productividad:** la búsqueda constante de la mejora de la productividad a través de la optimización del rendimiento individual y colectivo de los trabajadores requiere de un enfoque formativo integral.

  Esto implica ofrecer herramientas y recursos para que los empleados puedan realizar su trabajo de manera más eficiente, mejorar su rendimiento y contribuir al éxito general de la organización.

ACTIVIDADES FINALES

TEXT DE EVALUACIÓN

1.1. **¿Qué función principal cumple la formación en la gestión de los recursos humanos?**

a) Desarrollar las competencias de los empleados para mejorar el rendimiento organizacional.

b) Contratar nuevos empleados para el área de formación.

c) Realizar evaluaciones periódicas del personal.

1.2. **¿Cómo se entiende la formación en la gestión de los recursos humanos?**

a) Como un proceso aislado de otros aspectos organizacionales.

b) Como un proceso que busca mejorar las habilidades y competencias del personal.

c) Como una actividad que solo se realiza una vez al año.

1.3. **¿Qué aspecto clave tiene la formación como proceso en la gestión de RR. HH.?**

a) La evaluación final de los empleados.

b) El análisis continuo de las necesidades de capacitación.

c) La elaboración de informes anuales sobre la capacitación.

1.4. **¿Cuál de las siguientes opciones describe mejor la función de la formación dentro de una organización?**

a) Mejorar la comunicación entre los departamentos.

b) Fomentar el desarrollo profesional y el crecimiento de los empleados.

c) Aumentar la rotación de personal.

1.5. **¿Qué implica la formación como proceso en la gestión de los recursos humanos?**

a) Un enfoque reactivo, solo cuando se detectan problemas de rendimiento.

b) Un enfoque proactivo que se integra en la planificación estratégica de la empresa.

c) Implicar únicamente a los directivos en la toma de decisiones sobre formación.

1.6. **¿Cómo se relaciona la formación con la mejora del desempeño organizacional?**

a) Aumentando la rotación de personal.

b) Mejorando las competencias de los empleados para adaptarse a los cambios del entorno.

c) Reemplazando a los empleados con nuevos candidatos.

ACTIVIDADES FINALES

1.7. **¿Qué debe ser considerado antes de iniciar un plan de formación en una organización?**

a) La disponibilidad de los recursos para organizar la formación.

b) La satisfacción de los empleados con sus tareas diarias.

c) Las necesidades de formación de los empleados en relación con los objetivos de la empresa.

1.8. **¿Por qué es importante evaluar las necesidades formativas dentro de una empresa?**

a) Para reducir los costos de contratación.

b) Para asegurar que la formación esté alineada con los objetivos estratégicos de la empresa.

c) Para evitar cambios en la estructura organizativa.

1.9. **¿Cuál es el resultado esperado de un proceso formativo bien diseñado en RR. HH.?**

a) Que los empleados se conviertan en expertos en sus áreas específicas.

b) Que se genere un impacto positivo en el rendimiento y productividad organizacional.

c) Que los empleados se sientan satisfechos con su salario.

1.10. **¿Qué debe incluir un proceso de formación eficaz en la gestión de los recursos humanos?**

a) Una evaluación constante de la satisfacción de los empleados con los cursos.

b) Un plan de formación que se adapte a las necesidades cambiantes de la organización y de los empleados.

c) La contratación de formadores/as externos/as únicamente para garantizar la calidad.

2

Las necesidades de formación

Las necesidades de formación dentro de una organización surgen de diversas situaciones y contextos, y su identificación es clave para diseñar una estrategia de formación adecuada.

Cada puesto de trabajo exige el dominio de competencias específicas, y, en muchos casos, las competencias adquiridas durante la formación inicial de los empleados no son suficientes para cubrir los desafíos y responsabilidades del puesto.

Además, los cambios en el entorno de trabajo, la introducción de nuevas tecnologías o la evolución del mercado requieren una actualización constante de los conocimientos y habilidades, lo que hace imprescindible la formación continua.

La formación continua, también conocida como formación permanente, es considerada como un elemento estratégico dentro de las organizaciones, ya que permite a los empleados mantenerse al día con los avances en sus respectivos campos y adaptarse a las transformaciones que se producen dentro de la organización.

Esta formación no solo está dirigida a la actualización de conocimientos técnicos, sino también al desarrollo de competencias transversales, como la resolución de problemas, la creatividad, el trabajo en equipo y el liderazgo.

De esta manera, la formación continua permite a la organización mantener su competitividad y capacidad de innovación.

Figura 2.1. Detectar las necesidades de formación.

IDENTIFICACIÓN DE LAS NECESIDADES FORMATIVAS: LA BRECHA ENTRE LO QUE ES Y LO QUE DEBERÍA SER

Las necesidades de formación no surgen de manera abstracta; son el resultado de una brecha entre el estado actual de las competencias de los empleados y el ámbito de desempeño que se espera alcanzar para cumplir con los objetivos organizacionales. Esta brecha puede definirse de manera clara en función de la perspectiva adoptada. En términos generales, las necesidades de formación se definen como la diferencia entre lo que es (las competencias actuales del personal) y lo que debería ser (las competencias necesarias para desempeñar las funciones de manera óptima y contribuir a los objetivos estratégicos de la organización).

El proceso de identificación de necesidades formativas debe basarse en una evaluación exhaustiva de la situación actual de la organización y de las competencias disponibles en cada puesto de trabajo. Esta evaluación puede realizarse a través de diferentes métodos, como entrevistas, encuestas, análisis de desempeño o revisión de resultados. A partir de esta información, se podrán establecer las áreas clave que requieren intervención formativa, tanto individual como grupalmente, y se podrán definir los programas de formación más adecuados para cerrar esta brecha.

Figura 2.2. Qué necesitan nuestros equipos.

FORMACIÓN ESTRATÉGICA PARA EL CRECIMIENTO ORGANIZACIONAL

Es importante destacar que las necesidades de formación no son estáticas; cambian con el tiempo debido a la evolución de la organización, el sector y el entorno en general. Por lo tanto, es fundamental que la formación se considere como un proceso dinámico y flexible, que se adapte a los cambios internos y externos y que sea revisada y ajustada periódicamente.

Además, los planes de formación deben alinearse con los objetivos estratégicos de la empresa, para asegurar que la inversión en formación tenga un impacto directo en el rendimiento y la competitividad de la organización.

La identificación de las necesidades formativas debe ser un proceso continuo y proactivo, donde no solo se respondan a las demandas inmediatas, sino que también se anticipen los cambios futuros.

De esta manera, la formación se convierte en una herramienta clave para el desarrollo y la sostenibilidad organizacional, permitiendo que la empresa se adapte a los retos del futuro y que los empleados sigan siendo un motor de crecimiento y éxito.

Figura 2.3. Necesitamos desarrollar el potencial de nuestros profesionales.

2.1. La definición de las exigencias y necesidades de formación

En cada puesto de trabajo, la persona que lo ocupa debe desempeñar funciones que requieren competencias profesionales específicas. Sin embargo, estas competencias, en algunos casos, no se adquieren completamente durante la formación inicial, y en otros, los procesos de cambio organizativos o del mercado exigen la actualización y el reciclaje de esas competencias para mantener el desempeño óptimo del trabajador. Esta necesidad de adaptación constante se debe a la evolución de la propia naturaleza del trabajo, los avances tecnológicos y la dinamización del mercado, que generan nuevas demandas y retos que deben ser atendidos de forma continua.

Para garantizar que el desempeño de esas funciones se realice de manera efectiva y contribuya al cumplimiento de los objetivos institucionales, la formación continua juega un papel clave. La formación continua no solo mejora las competencias de los empleados, sino que también asegura que estos puedan adaptarse a los cambios de la organización y de su entorno, alineando sus capacidades con las necesidades del negocio.

De esta forma, la formación continua se convierte en un elemento estratégico fundamental para el buen funcionamiento de la empresa y la consecución de sus objetivos a largo plazo.

EL PROCESO DE DETECCIÓN DE NECESIDADES DE FORMACIÓN: IMPULSO PARA LA PLANIFICACIÓN ESTRATÉGICA

El proceso de detección de necesidades de formación es un paso esencial en la planificación estratégica de cualquier organización.

Este proceso no solo permite identificar las brechas entre las competencias actuales y las que deberían poseer los trabajadores para desempeñar su rol de manera óptima, sino que también facilita la orientación de los procesos de planificación y la dirección de los cambios organizativos necesarios.

En otras palabras, la detección de necesidades de formación establece un puente entre la situación actual (la realidad de las competencias de los empleados) y la situación ideal o deseada, que es la capacidad plena de los trabajadores para desempeñar su trabajo de manera eficiente y alineada con los objetivos de la empresa.

Figura 2.4. Ajustar los planes de formación a nuestros profesionales.

Identificar las necesidades de formación adecuadas y a tiempo permite que las organizaciones se anticipen a los cambios y adapten sus recursos humanos a las nuevas exigencias. Este proceso también es crucial para definir y priorizar las acciones formativas que deben llevarse a cabo para garantizar que la empresa pueda responder rápidamente a los desafíos del entorno competitivo.

COMPETENCIAS: EL CORAZÓN DE LA FORMACIÓN

Las competencias son el conjunto de conocimientos, habilidades y actitudes que una persona debe poseer para desempeñar con éxito su trabajo. Estas competencias son fundamentales para que los empleados logren resultados tangibles en sus funciones y contribuyan al éxito de la organización.

Además, la medición de las competencias es crucial, ya que permite evaluar el grado de dominio alcanzado por los trabajadores en diferentes áreas, lo que proporciona información valiosa sobre el desempeño individual y colectivo dentro de la organización.

Sin embargo, las competencias no son estáticas; tienen un carácter dinámico. A medida que las personas se enfrentan a nuevos retos y situaciones laborales, sus competencias evolucionan y se perfeccionan.

Este concepto está directamente vinculado al principio del aprendizaje permanente, según el cual el proceso de formación y desarrollo no se limita a una etapa específica de la carrera profesional de un individuo, sino que debe ser continuo a lo largo de toda su vida laboral.

Es decir, las competencias se adquieren, se desarrollan y se perfeccionan mediante la acción práctica y la experiencia directa, lo que implica que los empleados deben estar comprometidos con su propio proceso de aprendizaje y desarrollo.

Por lo tanto, una organización no solo debe preocuparse por capacitar a su personal en habilidades técnicas y operativas, sino también por fomentar un ambiente en el que los empleados puedan seguir desarrollándose tanto personal como profesionalmente.

La clave es proporcionarles las herramientas, los recursos y las oportunidades necesarias para seguir aprendiendo y mejorando a lo largo del tiempo.

DESAFÍOS EN LA DETERMINACIÓN DE LA FORMACIÓN NECESARIA

Aunque la función de formación tiene un impacto clave en el rendimiento organizacional, determinar qué tipo de formación es la más adecuada para impartir a los trabajadores es un desafío constante. Este reto es similar a la toma de decisiones estratégicas en otros ámbitos de la empresa, ya que las necesidades formativas pueden variar según el puesto, el departamento, la persona y las circunstancias del momento. En este sentido, es fundamental que las decisiones sobre formación sean tomadas por los responsables de cada área o departamento, quienes están mejor posicionados para identificar las necesidades formativas específicas de su equipo.

El análisis de estas necesidades debe ser realizado de forma detallada y sistemática, considerando factores como el desempeño de los empleados, los resultados obtenidos en su trabajo, las competencias que requieren para enfrentar los retos futuros, las demandas del mercado y los objetivos estratégicos de la organización. Si bien las decisiones sobre formación deben basarse en la detección de estas necesidades, también deben ser flexibles, permitiendo ajustes a medida que surgen nuevas exigencias o imprevistos dentro del entorno laboral.

Figura 2.5. Conocer a nuestros equipos.

LAS NECESIDADES DE FORMACIÓN IMPREVISTAS: FACTORES EXTERNOS QUE IMPULSAN LA FORMACIÓN

Las necesidades de formación no siempre surgen de una planificación anticipada. A menudo, estas necesidades son producto de situaciones no planificadas, que requieren que la organización responda de manera rápida y eficiente.

Algunos de los factores más comunes que generan estas necesidades imprevistas son:

- **Cambios en la tecnología:** la rápida evolución de la tecnología y la digitalización de los procesos empresariales pueden generar la necesidad de que los trabajadores adquieran nuevas competencias tecnológicas para poder operar con las herramientas y sistemas más recientes.

- **Cambios importantes en las características de los productos:** si la empresa modifica su línea de productos, o introduce nuevas líneas, es necesario que los empleados reciban formación para poder gestionar, producir o comercializar esos productos de manera efectiva.

- **Cambios legales:** la normativa legal cambia constantemente, y las empresas deben asegurarse de que sus empleados estén al tanto de nuevas leyes, regulaciones y normativas que puedan afectar la operativa de la empresa.

- **Detección de problemas no esperados en el desempeño del trabajo:** a veces, los problemas en la calidad del trabajo, en la productividad o en la satisfacción del cliente revelan la necesidad de formación adicional para resolver esas deficiencias y mejorar el desempeño general.

- **Decisiones políticas que afectan a la cultura organizacional:** los cambios en la estrategia organizacional o en la cultura de la empresa pueden requerir formación específica para que los empleados comprendan y se adapten a esos nuevos enfoques.

- **La necesidad de aumentar las habilidades de la plantilla de reciente incorporación:** los nuevos empleados pueden necesitar formación adicional para ponerse al día con los procedimientos internos de la empresa y adquirir las competencias necesarias para desarrollarse dentro de la organización.

- **La detección de capacidades individuales desconocidas:** en ocasiones, durante el desempeño de tareas diarias, los trabajadores demuestran habilidades o capacidades que no se habían detectado previamente, lo que puede abrir nuevas oportunidades de formación y desarrollo.

Figura 2.6. Ver el potencial de nuestro equipo.

LA IMPORTANCIA DE DETECTAR LAS NECESIDADES DE FORMACIÓN A TIEMPO

Detectar las necesidades de formación a tiempo y proponer soluciones apropiadas es crucial para mantener el éxito de la organización. No solo se trata de cubrir las brechas de habilidades existentes, sino también de aprovechar las oportunidades de formación que puedan beneficiar tanto a los empleados como a la empresa. Al identificar las necesidades de formación de manera anticipada, la organización puede estar mejor preparada para enfrentar los cambios y desafíos del entorno, asegurando que su equipo esté listo para actuar con eficacia en todo momento.

En conclusión, las necesidades de formación deben ser entendidas no solo como una respuesta a problemas inmediatos, sino como una herramienta estratégica para el desarrollo continuo de la organización y de sus recursos humanos.

Detectar las oportunidades de formación adecuadas a tiempo puede marcar la diferencia entre el éxito y el fracaso a largo plazo, por lo que es esencial integrar la formación de manera proactiva en la planificación estratégica de la empresa.

Figura 2.7. Reforzar nuestros equipos.

2.2. Definición de necesidades estratégicas y necesidades inmediatas

Las necesidades de formación existen en función de un contexto específico, es decir, dependen de la realidad particular de cada organización y de su entorno.

La forma en que estas necesidades se definen varía en función de la perspectiva adoptada, ya que se originan de la diferencia entre lo que realmente es y lo que debería ser en términos de competencias, capacidades y desempeños dentro de la organización.

Así, las necesidades de formación no son algo estático ni universal, sino que deben ser entendidas de manera dinámica, ya que su identificación y respuesta depende del análisis de las brechas existentes entre el nivel actual de habilidades y conocimientos de los empleados y el nivel deseado o necesario para cumplir con los objetivos estratégicos de la empresa. En consecuencia, el procedimiento para abordar estas necesidades de formación debe ser diseñado considerando el ámbito y las condiciones en las que se localizan dichas carencias, lo que implica un enfoque flexible y adaptado a las circunstancias concretas.

A partir de esta premisa, es posible clasificar las necesidades de formación en distintos tipos, dependiendo del contexto y la naturaleza del problema que se desea resolver.

Las siguientes, serían las categorías más comunes de necesidades de formación que una organización puede detectar:

1. Necesidades reactivas

Las necesidades de formación reactivas surgen en respuesta a un problema o deficiencia ya identificado dentro de la organización. Estas situaciones exigen una acción formativa inmediata para solucionar una brecha o dificultad que ya ha impactado negativamente en el desempeño de la organización o de los empleados. En otras palabras, las necesidades reactivas surgen cuando un problema ya está presente, y la formación es vista como una solución para corregirlo o mitigar sus efectos. Este tipo de formación es usualmente urgente, ya que responde a una crisis o a una necesidad inesperada.

Ejemplos de necesidades reactivas incluyen la formación para resolver problemas de calidad del producto, bajas en la productividad o un aumento en los errores operativos.

2. Necesidades proactivas

Por el contrario, las necesidades de formación proactivas están orientadas a la prevención. Este tipo de formación busca anticiparse a los problemas que podrían surgir en el futuro y prepara a los empleados para enfrentarlos de manera eficiente. Las necesidades proactivas están relacionadas con la previsión y la planificación, con el objetivo de evitar situaciones adversas antes de que se materialicen.

La formación proactiva contribuye a mejorar la capacidad de la organización para adaptarse y prosperar ante cambios, ya sea en el mercado, en la tecnología o en la estructura interna.

Por ejemplo, la formación proactiva podría involucrar la capacitación en nuevas tecnologías antes de que se adopten de manera masiva dentro de la empresa, o la formación en gestión de cambios para preparar a los empleados ante futuras reestructuraciones organizativas.

3. Necesidades normativas

Las necesidades de formación normativas son aquellas que se definen en función de regulaciones, leyes o normativas vigentes. Este tipo de necesidades surge cuando la organización debe cumplir con requisitos legales o estándares establecidos por organismos externos, como Gobiernos, agencias reguladoras o entidades internacionales. La formación normativa es esencial para asegurar que la empresa cumpla con las regulaciones en áreas como seguridad laboral, protección de datos y cumplimiento de normativas medioambientales, entre otras.

Ejemplos incluyen la formación obligatoria en prevención de riesgos laborales o en normativas de seguridad e higiene que deben ser cumplidas para evitar sanciones legales o riesgos para la salud de los trabajadores.

4. Necesidades percibidas

Las necesidades percibidas son aquellas que se definen a partir de la percepción de las personas involucradas, ya sean empleados, líderes o gestores. Estas necesidades pueden no estar directamente relacionadas con datos objetivos, sino con lo que los individuos sienten que falta o que debe mejorarse en el entorno laboral. Las necesidades percibidas son valiosas porque reflejan cómo los empleados y otros actores dentro de la organización interpretan y experimentan su trabajo, lo que puede influir en su motivación, satisfacción y desempeño.

Por ejemplo, un trabajador puede percibir que necesita más formación en habilidades de comunicación para mejorar la relación con sus compañeros o con los clientes, aunque este problema no sea reconocido como una deficiencia formalmente en la empresa.

5. Necesidades expresadas

Las necesidades expresadas son aquellas que se comunican de forma explícita por los clientes y usuarios finales. Estas necesidades se originan cuando los consumidores, clientes o socios de la organización hacen demandas directas sobre el tipo de habilidades o competencias que los empleados deben tener para satisfacer sus expectativas. Este tipo de necesidades es particularmente importante en organizaciones orientadas al servicio o que dependen de la satisfacción de sus clientes para mantenerse competitivas.

Un ejemplo de necesidades expresadas podría ser la demanda de formación en atención al cliente debido a que los clientes han manifestado insatisfacción con el servicio recibido.

6. Necesidades relativas

Las necesidades de formación relativas surgen cuando se compara el desempeño de una organización o de un departamento con otras realidades semejantes. Este tipo de necesidades se origina al observar que el rendimiento de la empresa está por debajo de los estándares de otras empresas del mismo sector o de organizaciones con características similares. A través de la comparación, la organización identifica áreas en las que necesita mejorar para mantenerse competitiva y alineada con las mejores prácticas del sector.

Este tipo de análisis comparativo puede llevar a la identificación de áreas donde la formación es insuficiente, como en el caso de la adopción de tecnologías más avanzadas por parte de competidores.

7. Necesidades corporativas

Las necesidades corporativas son aquellas que afectan a la organización en su conjunto. Estas necesidades pueden estar centradas en toda la empresa o en sectores específicos dentro de la misma, como los departamentos o equipos funcionales. Las necesidades corporativas también pueden estar relacionadas con los cargos específicos que existen dentro de la organización. Estas necesidades son consideradas esenciales para garantizar que la empresa opere de manera eficiente y cumpla con sus objetivos estratégicos.

Las necesidades corporativas pueden ser de carácter departamental, por ejemplo, si el departamento de ventas necesita formación en técnicas de ventas avanzadas, o bien pueden estar relacionadas con los puestos de trabajo concretos, como en el caso de la formación en liderazgo para mandos intermedios. En todos los casos, estas necesidades son fundamentales para el desarrollo integral de la empresa y su alineación con sus metas a largo plazo.

Figura 2.8. Fomentar el crecimiento de las personas y de la empresa.

2.3. El manual de funciones y la elaboración de perfiles de exigencias

El manual de funciones es una herramienta clave para establecer las competencias laborales necesarias para desempeñar adecuadamente un determinado puesto de trabajo dentro de una organización. Este documento no solo ayuda a clarificar las responsabilidades de cada puesto, sino que también facilita la identificación de las competencias necesarias para cumplir con estas responsabilidades.

Para crear un manual de funciones efectivo, es imprescindible realizar una investigación que aborde tres momentos clave:

1. **Realizar un acercamiento a la organización**

   Este primer paso implica obtener una visión general de la estructura, la cultura y los objetivos de la organización. El acercamiento a la organización permite contextualizar las funciones y competencias que se van a definir en el manual. Esta etapa involucra comprender los procesos organizacionales, los valores y la misión de la empresa, lo cual es fundamental para alinear los puestos de trabajo con los objetivos estratégicos.

2. **Determinar las causas laborales para los puestos de trabajo estudiados**

En esta fase, se realiza un análisis de las condiciones y el contexto laboral de cada puesto. Se deben identificar los aspectos específicos que afectan el desempeño de los trabajadores, como pueden ser las deficiencias de formación, las dificultades en las relaciones interpersonales, o los factores organizativos que puedan obstaculizar la productividad o la eficiencia. El objetivo es entender las causas que afectan el desempeño para poder abordarlas de manera eficaz a través de la formación y la mejora continua.

3. **Elaborar los perfiles de competencias correspondientes**

Una vez entendida la organización y las causas laborales, se procede a la elaboración de los perfiles de competencias para cada puesto. Este paso incluye la descripción detallada de las habilidades, conocimientos y actitudes necesarias para cumplir con las funciones de un puesto de trabajo de manera eficiente y efectiva.

El perfil de competencias no solo debe reflejar los requisitos técnicos del puesto, sino también las competencias interpersonales y de comportamiento que favorecen el éxito en el puesto.

EL MANUAL DE FUNCIONES: CONTENIDO Y APLICACIÓN

El manual de funciones es una herramienta integral que proporciona una guía detallada de los factores, competencias y el grado de desempeño necesario para llevar a cabo las funciones y tareas de un puesto de trabajo. Para garantizar su efectividad, el manual debe contener la siguiente información clave:

- **Macroprocesos, procesos y subprocesos, por dependencias:** esta sección describe cómo las funciones del puesto se integran dentro de los procesos generales de la organización.

- **Ubicación del puesto en la organización:** indica cómo el puesto encaja dentro de la estructura organizacional, incluyendo las relaciones jerárquicas y funcionales.

- **Denominación del puesto:** el título oficial del puesto de trabajo.

- **Finalidad del puesto:** explica el propósito general del puesto y cómo contribuye a los objetivos estratégicos de la empresa.

- **Indicadores de cumplimiento:** define los criterios y métricas que se utilizarán para evaluar el desempeño del puesto.

- **Perfil del puesto:** una descripción detallada de las competencias, habilidades y cualidades que el candidato ideal debe poseer.

- **Riesgos y condiciones de trabajo**: informa sobre los posibles riesgos asociados al puesto y las condiciones laborales específicas que deben ser consideradas.

- **Observaciones:** cualquier información adicional relevante sobre el puesto.

- **Funciones generales del puesto:** las tareas principales que se espera que el ocupante del puesto realice.

- **Funciones específicas:** tareas particulares que puedan surgir o que sean propias de ese puesto en particular.

Una vez que el manual está diseñado, es esencial evaluar hasta qué punto los candidatos tienen las características y competencias necesarias que se definen en dicho manual. Esto permite asegurar que las personas seleccionadas para el puesto estén alineadas con los requisitos establecidos para un desempeño óptimo.

2.4. Problemas en la determinación de las necesidades formativas

El diagnóstico de necesidades formativas es un proceso fundamental para identificar las brechas de competencias dentro de la organización. Sin embargo, este diagnóstico no siempre sigue un enfoque analítico riguroso.

En algunos casos, se trata simplemente de un proceso consultivo basado en las preferencias de los empleados sobre qué cursos les gustaría tomar. Este enfoque puede ser útil para comprender los intereses de los trabajadores, pero no siempre aborda las necesidades reales de formación de la empresa.

Por otro lado, un enfoque más analítico implica realizar un análisis detallado de las tareas y actividades de los trabajadores para identificar posibles deficiencias en los conocimientos, habilidades o actitudes necesarias para desempeñar su trabajo de manera efectiva.

Figura 2.9. Estructurar las mejoras dentro de la empresa.

Este tipo de análisis es más orientado a la solución de problemas y está enfocado en mejorar el rendimiento de la organización a través de la mejora de las competencias de los empleados.

El diagnóstico de necesidades formativas se ha asociado históricamente con la idea de mejorar el rendimiento de la empresa a través de la mejora de las competencias de los trabajadores.

El objetivo es identificar los comportamientos deseables que, una vez adquiridos, permitirán mejorar los resultados laborales.

Este tipo de análisis está centrado en entender cuáles son las habilidades y comportamientos que deben ser mejorados para optimizar el desempeño organizacional.

Para llevar a cabo un diagnóstico efectivo de necesidades formativas, se organiza el proceso en torno a cinco componentes básicos:

- **Situación actual:** se refiere a la evaluación del estado actual de los conocimientos, habilidades y actitudes de los empleados en relación con las tareas que desempeñan. Aquí se analizan las competencias que ya poseen y las que necesitan mejorar.

- **Situación óptima:** representa el estado ideal o deseado, es decir, cómo deberían ser las competencias y comportamientos de los empleados para que se consideren satisfactorios. Es una referencia objetiva de lo que se espera lograr.

Figura 2.10. Hacer un buen diagnóstico de necesidades.

- **Causas de la situación actual:** aquí se analiza la razón de la diferencia entre la situación actual y la situación óptima. Este paso implica identificar las causas subyacentes de las deficiencias de competencias, que pueden estar relacionadas con una formación insuficiente, falta de recursos o incluso problemas organizacionales.

- **Posibles soluciones:** una vez identificadas las causas, se analizan las soluciones más adecuadas, que generalmente involucran acciones formativas que aborden directamente las carencias detectadas.

- **Percepción de las personas:** finalmente, se debe tener en cuenta cómo perciben los empleados la situación, ya que su disposición a participar en las acciones formativas dependerá de cómo vean la necesidad de dichas formaciones y su confianza en que estos programas realmente solucionarán los problemas identificados.

2.5. Técnicas e instrumentos para determinar necesidades de formación

Existen diversas técnicas e instrumentos que se pueden emplear para determinar las necesidades de formación dentro de una organización.

A continuación, se describen algunos de los más comunes:

- **Observación:** implica realizar contactos frecuentes con los responsables de la empresa para observar el desempeño de los empleados y detectar posibles áreas de mejora.

- **Solicitudes de los responsables de departamento:** los líderes de los departamentos son conscientes de las brechas formativas de su equipo y pueden proporcionar información valiosa sobre qué tipo de formación es necesaria.

- **Entrevistas:** las entrevistas personales con los empleados o los mánager pueden ofrecer información detallada sobre las necesidades formativas percibidas.

- **Análisis del contenido de los trabajos:** analizar el trabajo específico realizado por los empleados ayuda a identificar las competencias necesarias y las carencias existentes.

- **Reuniones de grupo:** las reuniones grupales permiten discutir y compartir percepciones sobre las necesidades de formación, lo que puede llevar a conclusiones más completas y variadas.

- **Cuestionarios:** la distribución de encuestas de «sí o no» puede proporcionar una visión general rápida sobre las áreas de formación que los empleados consideran más necesarias.

- **Valoración de méritos y programación de carreras:** evaluaciones de desempeño y análisis de carreras profesionales pueden ayudar a identificar las competencias que necesitan ser desarrolladas.

- **Análisis de situaciones anómalas:** observar situaciones anómalas en ciertos departamentos o funciones permite detectar áreas de mejora en el desempeño laboral.

- **Comités de adiestramiento:** en empresas grandes y estructuradas existen comités de adiestramiento que se encargan de analizar las necesidades de formación y coordinar las acciones correspondientes.

2.6. Conclusiones

La correcta identificación de las **necesidades de formación** es una piedra angular en la gestión estratégica de los recursos humanos dentro de la Formación Profesional para el Empleo.

Este proceso permite alinear el desarrollo de las competencias de los trabajadores con los objetivos organizacionales, garantizando una mejor adaptabilidad a los cambios del entorno laboral y una mejora continua en la productividad.

La definición de las **exigencias y necesidades de formación** requiere un enfoque sistemático y detallado para identificar las brechas de habilidades y conocimientos existentes.

Distinguir entre las necesidades estratégicas, relacionadas con los objetivos a largo plazo, y las necesidades inmediatas, enfocadas en deficiencias operativas, permite una planificación más eficiente. Las necesidades estratégicas apuntan al desarrollo de competencias clave que impulsan la competitividad futura, mientras que las inmediatas solucionan carencias actuales que pueden estar afectando la eficacia organizacional.

El **manual de funciones** y la elaboración de **perfiles de exigencias** son herramientas esenciales para este diagnóstico. El manual de funciones clarifica las responsabilidades y competencias esperadas para cada puesto, facilitando la comparación con el desempeño actual del personal.

La elaboración de perfiles de exigencias proporciona un mapa detallado de las competencias necesarias, orientando así el diseño de acciones formativas que realmente impacten en el desempeño laboral.

Sin embargo, el proceso de determinar las necesidades de formación no está exento de **problemas.** La falta de claridad en los objetivos organizacionales, la resistencia al cambio por parte de los empleados o la falta de datos precisos pueden dificultar la identificación correcta de las necesidades.

Superar estos obstáculos implica una comunicación eficaz, la participación de todas las partes interesadas y la adopción de una cultura organizacional orientada al aprendizaje continuo.

Por último, las **técnicas e instrumentos** de análisis, como las encuestas de diagnóstico, entrevistas, observaciones y evaluaciones de desempeño, son herramientas fundamentales para obtener datos confiables y estructurados. La correcta selección de estas técnicas, adaptadas a las características de la organización y su personal, garantiza que la información recopilada sea relevante y útil para la toma de decisiones formativas.

La identificación efectiva de las necesidades de formación no solo mejora las competencias individuales, sino que también fortalece la capacidad de adaptación de la organización.

Un enfoque bien planificado permite que la inversión en formación se traduzca en mejoras medibles en el desempeño, la motivación del personal y la competitividad organizacional.

Apostar por un diagnóstico preciso y metodologías adecuadas es una estrategia que genera beneficios sostenibles en el tiempo, consolidando el desarrollo del capital humano como un factor clave para el éxito.

Figura 2.11. Contar con nuestro equipo de trabajo y ayudarle a crecer.

ACTIVIDADES FINALES

2.1. **¿Qué son las necesidades de formación en una organización?**

a) Los cursos que se ofrecen a todo el personal sin distinción.

b) Las carencias o brechas entre las competencias actuales y las requeridas.

c) Las peticiones de los empleados sobre temas que les interesan.

2.2. **¿Cómo se clasifican comúnmente las necesidades de formación?**

a) Básicas, medias y avanzadas.

b) Individuales, grupales y departamentales.

c) Estratégicas e inmediatas.

2.3. **¿Qué representa una necesidad estratégica de formación?**

a) Una necesidad urgente por una carencia actual.

b) Una necesidad alineada con los objetivos a medio y largo plazo de la organización.

c) Una necesidad relacionada con la motivación personal del trabajador.

2.4. **¿Cuál es el objetivo de un manual de funciones?**

a) Fomentar la rotación de personal.

b) Establecer los sueldos y beneficios del personal.

c) Definir claramente las responsabilidades y competencias de cada puesto.

2.5. **¿Por qué es importante elaborar perfiles de exigencias para cada puesto de
trabajo?**

a) Para facilitar los procesos de selección y formación.

b) Para promover la competencia entre departamentos.

c) Para cumplir con normativas externas.

2.6. **¿Cuál de los siguientes puede ser un problema habitual en la detección de necesidades formativas?**

a) El exceso de presupuesto para formación.

b) La sobrevaloración de las competencias actuales del personal.

c) La alta cualificación general de los trabajadores.

ACTIVIDADES FINALES

2.7. **¿Qué técnica se puede emplear para identificar necesidades de formación?**

a) La entrevista individual con los empleados.

b) La evaluación del desempeño externo.

c) La automatización de nóminas.

2.8. **¿Qué instrumento facilita el análisis comparativo entre competencias actuales y requeridas?**

a) Un calendario de vacaciones.

b) Un cuestionario de satisfacción.

c) Un análisis de brechas *(gap analysis)*.

2.9. **¿Cuál de estas afirmaciones describe mejor una necesidad inmediata?**

a) Es aquella relacionada con un objetivo a largo plazo.

b) Se deriva de un cambio estratégico en el mercado.

c) Surge por una deficiencia actual que afecta al desempeño.

2.10. **¿Qué papel tiene la formación en la resolución de las necesidades detectadas?**

a) Ninguno, ya que estas se resuelven con motivación.

b) Es una herramienta clave para subsanar las brechas identificadas.

c) Sirve solo para cumplir con requisitos legales.

Planificación de la formación y puesta en marcha

Contenido

En una organización, es esencial que las personas que integran el equipo desarrollen y perfeccionen las competencias necesarias para desempeñar sus funciones de manera eficiente, efectiva y orientada hacia los objetivos de la empresa. Estas competencias no solo son vitales para garantizar un desempeño satisfactorio, sino también para fomentar un entorno de trabajo dinámico y alineado con los desafíos actuales del mercado.

El proceso comienza con un análisis profundo de la relación persona-puesto, conocido como análisis de adecuación persona-puesto. Este procedimiento tiene como propósito identificar las competencias fundamentales que ya posee cada integrante del equipo y evaluar el nivel de alineación entre sus habilidades y las exigencias específicas del rol que desempeña. Al detectar estas áreas de oportunidad y fortaleza, es posible elaborar un plan estratégico de formación que responda de manera personalizada a las necesidades individuales y grupales de las personas trabajadoras dentro de la organización.

El diseño del plan de formación debe ser un proceso cuidadoso, orientado a abordar las particularidades de cada situación laboral. Para lograrlo, es indispensable realizar un diagnóstico previo que permita identificar claramente qué tipo de formación se necesita transmitir y cuál es la metodología más adecuada para garantizar la adquisición y aplicación de los conocimientos. Este diagnóstico incluye una evaluación minuciosa de los recursos disponibles, tanto humanos como económicos, para asegurar que los métodos seleccionados sean viables desde el punto de vista financiero y aporten un retorno positivo en términos de productividad, motivación y mejora en el desempeño.

Figura 3.1. Saber dónde estamos y a dónde queremos llegar.

Asimismo, es crucial considerar la inversión económica que cada programa de formación implica. Esto incluye no solo los costos directos asociados con su implementación, sino también los beneficios tangibles e intangibles que puede aportar al desarrollo del personal y a la consecución de los objetivos estratégicos de la empresa. Por ejemplo, un plan de formación bien estructurado puede tener un impacto directo en la retención del talento, la reducción de errores operativos y el fortalecimiento del compromiso de los equipos.

En resumen, un enfoque estructurado y estratégico en la planificación y ejecución de programas de formación no solo mejora la alineación entre las competencias del personal y los requerimientos del puesto, sino que también contribuye al crecimiento integral de la organización en términos de competitividad y sostenibilidad a largo plazo.

3.1. La elaboración del plan de formación

En el entorno organizacional actual, resulta esencial que cada integrante de la empresa adquiera y perfeccione las competencias necesarias para cumplir con éxito las funciones asignadas a su puesto de trabajo. Este desarrollo no solo contribuye al rendimiento individual, sino que también fortalece la cohesión del equipo, permitiendo que la organización en su conjunto se mantenga competitiva y preparada para enfrentar los retos del mercado en constante evolución.

Para garantizar este crecimiento, se emplea el análisis de adecuación de cada persona a su puesto de trabajo, un proceso fundamental que tiene como objetivo identificar las competencias clave que ya posee cada trabajador o trabajadora, así como el grado de alineación entre sus habilidades y los requerimientos específicos de su función. Este análisis permite detectar oportunidades de mejora y fortalezas que pueden ser potenciadas mediante un plan de formación adaptado tanto en el ámbito individual como en el colectivo, garantizando así una respuesta efectiva a las necesidades del equipo.

El sistema de competencias constituye una herramienta estratégica para detectar las áreas que requieren formación, pero no es la única metodología disponible. Existen diversas alternativas complementarias que enriquecen este proceso y aseguran un enfoque integral:

1. **Observación directa por parte de expertos en formación:** esta técnica permite evaluar en tiempo real el desempeño de las personas trabajadoras, identificando comportamientos, habilidades y posibles carencias que pueden abordarse mediante un programa de formación.

2. **Análisis del desempeño y del potencial en planes de carrera y desarrollo:** este método conecta la evaluación de las competencias actuales con las metas futuras del personal, promoviendo un crecimiento sostenido y alineado con los objetivos estratégicos de la organización.

3. **Encuestas estructuradas de grupo:** herramienta útil para recopilar percepciones, necesidades y opiniones directamente de los equipos de trabajo, lo que facilita un enfoque participativo en la creación de planes formativos.

4. **Sesiones estructuradas como *workshops* y tormentas de ideas:** estas dinámicas permiten explorar colectivamente áreas de mejora y soluciones innovadoras, fomentando la colaboración y el intercambio de ideas entre las personas participantes.

El diseño de un plan de formación efectivo debe adaptarse cuidadosamente a las características y requerimientos específicos de cada situación. Antes de establecer un programa, es esencial comprender con claridad qué tipo de formación se desea impartir, cuál es el método óptimo para facilitar la adquisición de conocimientos y cómo se alineará con los objetivos organizacionales. Este enfoque personalizado asegura que los recursos invertidos en formación sean utilizados de manera eficiente y generen un impacto positivo y medible.

Para garantizar el éxito de cualquier plan de formación, es fundamental implementar una metodología estructurada que contemple todas las etapas del proceso: planificación, desarrollo, diseño e implementación. Esta metodología debe ser flexible para ajustarse a las necesidades dinámicas de la organización, asegurando la sostenibilidad del conocimiento y su actualización continua en un entorno empresarial en evolución constante.

Figura 3.2. Poner en marcha el plan de formación.

Cuando un plan de formación está bien diseñado e implementado, puede aportar una serie de beneficios significativos que impactan directamente en la productividad y la cultura de la empresa:

- **Motivación del personal:** un ambiente laboral emprendedor y estimulante fomenta el compromiso y la satisfacción de las personas trabajadoras.

- **Fortalecimiento de las relaciones interpersonales e intergrupales:** mejora la colaboración y el entendimiento mutuo dentro de la organización.

- **Incremento en el desempeño:** las actividades se realizan con mayor eficiencia, facilitando la adecuación de las personas a las exigencias de sus puestos.

- **Impulso del desarrollo personal y profesional:** esto no solo beneficia a las personas trabajadoras, sino que también refuerza la competitividad de la empresa en el mercado.

- **Alineación de objetivos individuales y organizacionales:** la integración de metas personales con las metas estratégicas de la empresa fortalece la cohesión del equipo.

- **Consolidación de una cultura corporativa:** una cultura bien definida actúa como guía para las decisiones internas y como marco de integración para todo el equipo.

- **Promoción y gestión del cambio:** los programas de formación se convierten en herramientas clave para introducir y gestionar transformaciones dentro de la organización.

- **Fomento de la participación activa:** los individuos se involucran directamente en la consecución de los objetivos organizacionales, incrementando su sentido de pertenencia.

En este contexto, resulta imprescindible que las empresas no solo se concentren en impartir conocimientos, sino que también se conviertan en generadoras y difusoras de los aprendizajes adquiridos.

Este enfoque proactivo debe ir acompañado de una actitud de aprendizaje continuo, donde la organización aprenda de sí misma y de sus experiencias previas.

Figura 3.3. El plan de formación es esencial.

Este concepto, conocido como *learning organization,* representa una tendencia clave en el mundo empresarial moderno. Dicho enfoque no solo diferencia a las empresas de sus competidores, sino que también marca una evolución significativa en la manera de entender la formación y el desarrollo corporativo.

3.2. Definición de necesidades estratégicas y necesidades inmediatas

En la era actual, marcada por una revolución tecnológica sin precedentes, todas las actividades que llevemos a cabo deben cumplir rigurosos estándares de calidad, además de alinearse con los valores y necesidades que nuestra sociedad contemporánea considera esenciales.

En este contexto, el rol del profesional de la formación se consolida como un pilar fundamental para liderar y gestionar estos cambios, actuando como agente transformador en la construcción de un nuevo paradigma organizacional y social.

El impacto de este enfoque nos conduce hacia una dirección clara: **la formación como estrategia pedagógica clave para impulsar el cambio.**

El diseño de estas acciones formativas no solo tiene como meta la transmisión de conocimientos desde un enfoque tradicional, sino que busca conformar unidades de aprendizaje completas. En estas, los participantes no solo desarrollan su dimensión cognitiva, sino que también potencian sus capacidades creativas e innovadoras.

Este enfoque holístico es crucial para preparar a las personas trabajadoras a enfrentar los desafíos de un entorno cada vez más dinámico y competitivo.

Cada acción formativa se estructura de manera sistemática siguiendo los principios fundamentales que aseguran su eficacia y alineación con los objetivos estratégicos de la organización.

Figura 3.4. Plantear objetivos realistas en el plan de formación.

A continuación, se detallan los elementos clave de esta estructura:

1. **Descripción del curso:** las acciones formativas, tanto teóricas como prácticas, se diseñan para abordar aspectos fundamentales desde dos perspectivas complementarias:

— El punto de vista del «equipo profesional», que engloba a los equipos organizacionales responsables de coordinar y supervisar el aprendizaje.

— El enfoque desde la experiencia individual del profesional o profesional en formación, fomentando su desarrollo específico.

2. **Objetivos generales y específicos:** estos objetivos actúan como el mapa que guía todo el proceso de enseñanza y aprendizaje, asegurando una alineación entre lo planeado y lo logrado. La formación está diseñada con la intención de abordar competencias esenciales, particularmente en aspectos operativos, estratégicos y asistenciales, asegurando la preparación integral del alumnado.

3. **Contenidos:** la estructura de los contenidos abarca dos grandes bloques que se complementan mutuamente:

— **Teórico:** donde se presenta la base conceptual y los fundamentos necesarios para comprender el tema en profundidad.

— **Práctico:** diseñado para aplicar los conocimientos adquiridos en escenarios reales o simulados, consolidando así el aprendizaje.

4. **Metodología:** la metodología se centra en el aprendizaje activo y participativo, utilizando clases teóricas para sentar las bases, y actividades prácticas como la resolución de casos específicos en grupos reducidos. Este enfoque permite a las personas participantes trabajar directamente sobre situaciones reales, facilitando la comprensión y aplicación de los contenidos.

5. **Evaluación:** la evaluación integral abarca competencias de conocimiento, habilidades y actitudes. Este proceso de evaluación se realiza en tres fases:

— Antes de la acción formativa, para identificar el nivel inicial.

— Durante el desarrollo de la formación, para monitorear el progreso.

— Al finalizar, para medir los resultados alcanzados y establecer planes de mejora futura.

Para que el proceso de enseñanza-aprendizaje sea efectivo, resulta imprescindible contar con las dos piezas clave que lo sostienen:

1. **El docente o grupo de docentes:** profesionales altamente cualificados y con experiencia comprobada, quienes garantizan que las

Figura 3.5. Seguir los pasos del plan de formación.

acciones formativas cumplan con estándares de calidad y generen resultados óptimos. Su papel no se limita a la transmisión de conocimientos; son facilitadores que impulsan el aprendizaje activo y colaborativo.

2. **El alumno o alumna:** lejos de asumir un rol pasivo, se convierte en un protagonista activo de su propio proceso de aprendizaje. Desde el inicio, asume la responsabilidad de su formación, interactuando con los docentes y con el resto del grupo para generar un enriquecimiento mutuo y una construcción conjunta del conocimiento.

El objetivo final de estas acciones formativas es claro: lograr la capacitación integral del profesional en formación, para que pueda responder de manera adecuada y con altos estándares de calidad a las demandas de su ámbito de trabajo.

Además, toda esta estructura pedagógica debe completarse con elementos esenciales que refuercen el proceso de aprendizaje. Entre estos, destacan las guías y manuales didácticos, diseñados específicamente para proporcionar información práctica y accesible que facilite la aplicación inmediata de los conocimientos adquiridos.

Estos recursos formativos deben cumplir con principios de calidad didáctica que aseguren su efectividad, tales como:

- **Utilidad:** los materiales deben ser funcionales y aplicables a las tareas profesionales para las que se están formando las personas.

- **Actualización:** es esencial que los contenidos se mantengan al día con las tendencias, avances y mejores prácticas del sector correspondiente.

- **Pertinencia:** la información proporcionada debe ser clara, relevante y suficiente para cubrir las necesidades específicas de formación.

Figura 3.6. Formar parte del plan de formación para estar preparados.

© Ediciones Paraninfo

3.3. Definición de objetivos de aprendizaje y operativos

Los objetivos de aprendizaje constituyen el núcleo fundamental de cualquier proceso formativo, ya que describen de manera clara y precisa aquello que una persona es capaz de aprender y aplicar tras completar una acción de formación específica.

Estos objetivos no surgen de manera aislada, sino que deben estar estrechamente vinculados a las necesidades formativas identificadas previamente en el análisis correspondiente. A partir de estas necesidades detectadas, se establecen las teorías, habilidades y actitudes que el grupo destinatario requiere desarrollar, aprender y ejecutar con éxito.

En esencia, los objetivos de aprendizaje tienen una doble función: por un lado, comunican lo que se espera que quienes participan en la formación logren al finalizar el programa; y, por otro lado, orientan tanto a los formadores como a las personas responsables de planificar y evaluar la formación, asegurando que cada acción formativa cumpla con las metas establecidas.

Para que estos objetivos cumplan con su función, es fundamental que posean las siguientes características:

1. **Ser pertinentes:** los objetivos deben estar relacionados directamente con los conceptos y principios que forman las bases del aprendizaje, asegurando su relevancia y aplicabilidad en el contexto de la formación.

2. **Ser claros:** la claridad en la redacción es clave. No debe haber ambigüedades en las palabras empleadas para describir los objetivos, ya que esto puede generar confusión tanto en la planificación como en la ejecución del aprendizaje. Se recomienda el uso de verbos concretos como «comparar», «contrastar», «construir» o «diferenciar», que tienen significados precisos y evitan interpretaciones erróneas.

Figura 3.7. Conocer el plan de formación.

3. **Ser factibles:** los objetivos deben describir aquello que el alumnado puede alcanzar de manera realista, teniendo en cuenta el tiempo, los recursos y las condiciones disponibles para la formación.

4. **Ser evaluables:** todo objetivo debe poder medirse a través de una evaluación que permita determinar si se ha alcanzado el nivel mínimo aceptable de aprendizaje esperado.

El proceso para preparar y formular objetivos de aprendizaje consta de los siguientes pasos:

■ **Identificar las competencias clave:** se trata de definir aquellas habilidades, conocimientos y actitudes que el alumnado debe demostrar al finalizar el proceso formativo.

■ **Elaborar una lista temática:** se seleccionan los temas fundamentales que se abordarán durante el período de aprendizaje, asegurando que sean relevantes para las competencias identificadas.

■ **Determinar los contenidos específicos:** a partir de los temas seleccionados, se definen los conocimientos concretos que el alumnado necesita adquirir para desarrollar las competencias previstas.

Una vez recopilada toda esta información a través del análisis de las necesidades formativas, se formulan los objetivos de aprendizaje, los cuales pueden clasificarse en varias categorías:

1. **Objetivos sociales:** estos objetivos hacen referencia al impacto esperado de la acción formativa en el funcionamiento general de la organización. Suelen relacionarse con los cambios en el comportamiento de las personas al finalizar el aprendizaje y se formulan planteando la pregunta: «¿Qué mejorará en la organización gracias a esta formación?». Por esta razón, también se conocen como objetivos de impacto.

2. **Objetivos de aprendizaje:** están centrados en el cambio de comportamiento que las personas participantes deben experimentar tras completar la formación. Responden a la pregunta: «¿Qué será capaz de hacer el alumnado al finalizar la acción formativa?».

3. **Objetivos pedagógicos:** estos objetivos se enfocan en los conocimientos, habilidades y actitudes que se adquirirán durante el proceso de aprendizaje. Se formulan para responder a preguntas como: «¿Qué aprenderán los participantes?» «¿Qué sabrán hacer al terminar la formación?».

Desde una perspectiva organizacional, los objetivos de aprendizaje pueden clasificarse en función de su horizonte temporal:

■ **Corto plazo:** enfocados en el perfeccionamiento individual de las competencias necesarias para desempeñar un puesto específico.

■ **Medio plazo:** con un enfoque más amplio, estos objetivos buscan diversificar el potencial humano de la organización, preparándola para asumir nuevas actividades y retos en un plazo de dos a tres años.

- **Largo plazo:** orientados hacia la construcción de una cultura organizacional sólida y la aplicación de estrategias de desarrollo a gran escala, estos objetivos aseguran la alineación entre la formación y los proyectos estratégicos de la empresa.

El diseño de objetivos efectivos es una tarea crítica, pero a menudo se presentan dificultades en su formulación. Uno de los problemas más comunes es confundir la descripción de actividades con los objetivos reales de aprendizaje. Por ejemplo, frases como «Realizar una técnica de autoestima» o «Trabajar sobre la historia de la educación» describen acciones que ocurrirán en el aula, pero no explican qué aprendizaje se garantiza ni cómo se evaluará.

Para evitar este error, es útil plantear los objetivos en términos claros y evaluables. Por ejemplo, en lugar de «Hacer una técnica de autoestima», podría formularse: «Los participantes serán capaces de identificar y aplicar técnicas efectivas para mejorar la autoestima en diferentes contextos». Este enfoque permite evaluar de manera más precisa si se ha alcanzado el objetivo.

Finalmente, es importante destacar que la formación debe provocar cambios tangibles en las personas participantes, tanto en el ámbito personal como en el profesional. Para medir este impacto, resulta imprescindible conocer la situación inicial del alumnado, lo que permitirá evaluar de manera más efectiva el progreso alcanzado al finalizar el proceso formativo.

Figura 3.8. Necesitamos de las personas que forman parte de la empresa.

3.4. Selección y organización de contenidos

El proceso de selección y organización de contenidos en cualquier acción formativa es una etapa crucial que requiere una planificación detallada y estratégica.

Este proceso debe desarrollarse teniendo en cuenta tres aspectos fundamentales que guían cada decisión relacionada con los contenidos:

1. **Preparación de la selección:** en esta etapa inicial, se identifican las necesidades formativas del grupo destinatario, los objetivos de aprendizaje que se desean alcanzar y las características del contexto en el que se implementará la formación. Es esencial tener una comprensión clara del punto de partida del grupo, su nivel de conocimientos previos y las habilidades que se desean desarrollar.

2. **Establecimiento de una técnica de selección:** este paso implica definir los criterios específicos que se utilizarán para seleccionar los contenidos más relevantes. Estos criterios pueden basarse en aspectos como la pertinencia de los temas, su aplicabilidad en el entorno laboral, la alineación con los objetivos de aprendizaje y el nivel de dificultad adecuado para el grupo. La técnica de selección debe garantizar que los contenidos seleccionados sean tanto significativos como alcanzables para quienes participan en la formación.

3. **Consideración de principios generales de carácter didáctico:** finalmente, se deben aplicar principios pedagógicos que aseguren que los contenidos sean organizados de manera lógica y coherente. Esto incluye aspectos como la progresión de los temas (de lo básico a lo complejo), la relación entre los diferentes bloques de contenido y su vinculación con situaciones prácticas que permitan consolidar el aprendizaje.

Es importante destacar que todas las acciones formativas suelen contar con un índice de contenidos predeterminado por la entidad promotora de la formación. Este índice puede basarse en normativas legales, como reales decretos, o en programas formativos previamente establecidos.

Sin embargo, aunque estos contenidos iniciales sirven como referencia, el formador o formadora tiene la responsabilidad de adaptarlos a las necesidades específicas del grupo y al contexto de aprendizaje.

El núcleo de los contenidos en cualquier acción formativa está directamente vinculado a los objetivos de aprendizaje que se desean alcanzar. En este sentido, resulta útil generar **mapas de contenidos** que permitan visualizar la cantidad de aprendizajes necesarios y la secuencia lógica en que deben ser abordados. Estos mapas actúan como una hoja de ruta para guiar el proceso de enseñanza y garantizar que se cubran todas las áreas críticas para el éxito de la formación.

En la planificación del curso, se toman decisiones fundamentales sobre las áreas de contenido que deben incluirse para cumplir con los objetivos establecidos. Es importante tener en cuenta que, para alcanzar un mismo objetivo, pueden existir múltiples enfoques o tipos de contenidos.

La elección de los contenidos prioritarios debe basarse en factores como la composición del grupo, su nivel de experiencia, los conocimientos previos y las habilidades que se desean reforzar.

© Ediciones Paraninfo

Incluso en los casos en los que los diseños curriculares están determinados por normativas legales, como ocurre con ciertos programas oficiales, es esencial realizar una interpretación personalizada de cómo se trabajarán estos contenidos en el aula. Esta interpretación permite adaptar los materiales y enfoques a las características únicas de cada grupo de aprendizaje.

Otro aspecto clave en relación con los contenidos es la gestión del tiempo necesario para su aprendizaje. Es fundamental distinguir entre el tiempo requerido para **presentar o explicar un contenido** y el tiempo necesario para que los participantes puedan asimilar y aplicar ese contenido.

Desde esta perspectiva, la planificación debe centrarse en reducir y priorizar la cantidad de contenidos incluidos en el programa formativo, asegurando que se dé el tiempo suficiente para que cada aprendizaje sea significativo y práctico.

Es importante subrayar que una acción formativa no es más efectiva por la cantidad de contenidos que incluye. La calidad de la formación no reside en la longitud de la lista de temas, sino en la profundidad y aplicabilidad de los aprendizajes. Una acción formativa es verdaderamente exitosa cuando permite que las personas adquieran los conocimientos y habilidades esenciales que necesitan para mejorar su práctica profesional o personal.

Por lo tanto, es fundamental hacer un esfuerzo consciente para identificar y priorizar los **contenidos esenciales** que tendrán un impacto real en la práctica profesional de las personas participantes.

Estos contenidos deben estar alineados con los objetivos formativos y centrarse en promover cambios positivos en el desempeño laboral y en el logro de los resultados esperados por la organización.

Figura 3.9. Realizar una buena selección de contenidos.

Es fundamental recordar que la selección y organización de contenidos no es un proceso estático, sino dinámico y adaptable. A medida que avanza la formación, pueden surgir nuevas necesidades o prioridades que requieran ajustes en los contenidos planificados. La flexibilidad y la capacidad de adaptación del formador son elementos clave para garantizar el éxito de cualquier acción formativa.

3.5. Elección de estrategias didácticas

Dentro de las estrategias didácticas, se pueden contemplar una variedad de enfoques que buscan optimizar el proceso de enseñanza-aprendizaje. A continuación, se destacan algunos aspectos clave que deben ser considerados al desarrollar estas estrategias:

1. **La secuenciación de contenidos y su exposición:** este aspecto implica organizar los contenidos de forma lógica y coherente, asegurando una progresión adecuada que permita a los estudiantes construir su conocimiento de manera estructurada. La exposición debe ser clara, adaptada al ritmo del grupo y permitir la conexión entre los diferentes temas.

2. **El conjunto de actividades prácticas:** las actividades prácticas son esenciales para garantizar que el aprendizaje no se quede en la teoría, sino que los estudiantes puedan aplicar lo aprendido en situaciones reales o simuladas. Estas actividades deben ser diseñadas en función de los objetivos de aprendizaje y los contenidos teóricos previamente establecidos.

3. **La metodología asociada a cada contenido y actividad:** la elección de la metodología es fundamental para facilitar el aprendizaje. Se debe considerar qué tipo de enfoque pedagógico resulta más adecuado para cada contenido y actividad. Además, la metodología debe ser flexible y adaptarse a las necesidades y características del grupo de estudiantes.

4. **Los recursos educativos que vayamos a emplear:** los recursos educativos, tanto materiales como digitales, son herramientas fundamentales para complementar y enriquecer el proceso de aprendizaje. La selección de estos recursos debe estar alineada con los objetivos formativos y la metodología utilizada, para asegurar que sean efectivos y atractivos para los estudiantes.

A la hora de implementar estas estrategias, se puede trabajar con un amplio banco de actividades que estén alineadas con los objetivos y

Figura 3.10. Seleccionar todos los recursos disponibles.

con la estructura interna de los contenidos teóricos. Esta opción es más estructurada y puede ser más predecible en cuanto a resultados, lo que la convierte en una opción válida para formadores con menos experiencia. Sin embargo, también se puede optar por planificar esquemas de acción más flexibles, que ofrezcan pistas sobre distintas actividades sin imponer tareas concretas ni a los docentes ni a los estudiantes.

Esta opción es más compleja y exige una mayor competencia por parte de los formadores, pero también ofrece una mayor riqueza de aprendizaje, especialmente cuando los objetivos están claramente definidos.

Independientemente de la estrategia seleccionada, es crucial conocer en profundidad cada una de ellas, ya que esto facilitará la toma de decisiones sobre cuál es la más adecuada para el contenido que se debe enseñar y cuál se adapta mejor a las capacidades y experiencia del formador.

Ejemplos de estrategias didácticas:

- **Aprendizaje Colaborativo (AC):** el aprendizaje colaborativo es una estrategia en la que pequeños grupos de estudiantes trabajan juntos para alcanzar los mejores resultados posibles, tanto en lo individual como en lo grupal. Los estudiantes reciben instrucciones del formador y luego se dividen en equipos, donde intercambian información y colaboran para completar una tarea. Este enfoque promueve la cooperación y el desarrollo de habilidades sociales, además de fomentar un sentido de responsabilidad compartida. El aprendizaje colaborativo va más allá del simple trabajo en equipo, ya que implica una filosofía de vida en la que los estudiantes comprenden que el todo es más que la suma de las partes. A través de esta estrategia, los formadores pueden promover actitudes y valores importantes, como la empatía, el respeto y el compromiso.

Figura 3.11. Seleccionar a metodología más apropiada.

- **Aprendizaje Basado en Problemas (ABP):** en el ABP, los estudiantes se reúnen en pequeños grupos para analizar y resolver una situación problemática relacionada con el contenido del curso. El objetivo no es tanto resolver el problema, sino utilizarlo como base para identificar los temas de aprendizaje necesarios, los cuales se estudiarán de forma independiente o grupal. Esta estrategia fomenta la autonomía del estudiante y le permite desarrollar habilidades críticas de resolución de problemas. A través de un proceso interactivo, los estudiantes identifican sus propias necesidades de aprendizaje y desarrollan una metodología propia para adquirir el conocimiento.

  Este enfoque favorece el trabajo en equipo, la responsabilidad y el intercambio de ideas entre los miembros del grupo, mejorando su capacidad para tomar decisiones informadas.

- **Aprendizaje Basado en Proyectos (ABP):** el ABP enfrenta a los estudiantes a situaciones reales que requieren que apliquen lo que han aprendido para resolver problemas o proponer mejoras en sus comunidades. Este enfoque fomenta la interdisciplinariedad, ya que los proyectos pueden implicar el uso de diversos conocimientos y habilidades. A través de esta estrategia, los estudiantes desarrollan habilidades prácticas mientras trabajan en proyectos que tienen un impacto real. Además, el ABP motiva a los estudiantes al ofrecerles un sentido de responsabilidad y un enfoque más activo hacia su aprendizaje. Al colaborar en proyectos, los estudiantes dejan de competir entre sí para pasar a trabajar juntos en la resolución de problemas, lo que fortalece su sentido de equipo y de pertenencia. La realización de proyectos también ayuda a cambiar el enfoque del aprendizaje, pasando de la simple memorización de datos a la exploración profunda de ideas y soluciones.

Figura 3.12. Innovar en la metodología.

- **Método de casos:** este método consiste en el análisis y discusión de situaciones reales, o casos, en los que los estudiantes deben aplicar los principios teóricos aprendidos en el curso para formular propuestas de solución.

© Ediciones Paraninfo

A través del análisis de casos, los estudiantes desarrollan habilidades analíticas, de toma de decisiones y de trabajo en equipo. Además, este enfoque promueve la capacidad de escucha, observación y diagnóstico, habilidades clave para el éxito profesional. El método de casos permite que los estudiantes conecten la teoría con la práctica, ya que se enfrentan a situaciones que podrían encontrarse en su futuro profesional.

- **Aprendizaje Basado en Investigación (ABI):** el aprendizaje basado en investigación implica que los estudiantes se involucren en un proceso de investigación real o simulada, bajo la supervisión del formador. Este enfoque conecta la investigación con la enseñanza, permitiendo a los estudiantes aplicar métodos científicos en el estudio de un tema específico.

A través de la investigación, los estudiantes desarrollan habilidades prácticas de análisis, síntesis y presentación de resultados. El ABI fomenta una comprensión más profunda de los contenidos y permite que los estudiantes se conviertan en aprendices activos, capaces de generar nuevas ideas y soluciones a partir de su propio proceso investigativo.

Figura 3.13. Actualizar las metodologías de trabajo en el aula.

3.6. Modalidad de la formación: presencial, a distancia o semipresencial

En la actualidad, la formación se ofrece en tres modalidades principales, tanto en el ámbito formal como en el no formal, cada una con características específicas que buscan adaptarse a las necesidades y contextos de los estudiantes y las instituciones educativas.

Estas modalidades son: presencial, a distancia y mixta.

1. **Modalidad presencial:** la formación presencial se lleva a cabo con la presencia física del alumnado en un centro formativo. En este entorno, la interacción entre el alumnado y el formador es directa y continua, lo que permite un seguimiento más cercano y personalizado del proceso de aprendizaje.

   — **Ventajas:** esta modalidad fomenta una relación interpersonal estrecha, facilita la resolución inmediata de dudas y crea un espacio propicio para la interacción social y el trabajo en equipo. Además, la presencialidad permite a los formadores adaptar sus métodos en tiempo real según las necesidades del grupo.

   — **Limitaciones:** requiere que los estudiantes asistan físicamente al lugar de formación, lo que puede ser una barrera para aquellos con dificultades de movilidad, tiempo o distancia. Además, su flexibilidad es limitada, ya que las sesiones están programadas en horarios fijos.

2. **Modalidad a distancia (*online* o teleformación):** en la formación a distancia, docentes y estudiantes están separados geográficamente y se conectan a través de herramientas digitales para desarrollar el proceso de enseñanza-aprendizaje. Esta modalidad utiliza plataformas virtuales, correos electrónicos, videoconferencias, foros y otros recursos tecnológicos para facilitar la comunicación y la entrega de contenidos.

   — **Ventajas:** ofrece una gran flexibilidad, permitiendo a los estudiantes organizar su tiempo de estudio según sus propias necesidades y ritmos. También elimina las barreras geográficas, haciendo accesible la formación a personas de cualquier lugar. La variedad de recursos digitales disponibles enriquece el aprendizaje y fomenta la autonomía del alumnado.

   — **Limitaciones:** la relación entre el alumnado y el formador es menos directa, lo que puede dificultar el seguimiento cercano del progreso individual y el establecimiento de vínculos personales.

   Además, esta modalidad requiere que los estudiantes tengan acceso a dispositivos tecnológicos y una conexión a internet confiable, lo que puede ser un desafío en ciertos contextos.

3. **Modalidad mixta:** también conocida como formación híbrida, esta modalidad combina elementos de la formación presencial y a distancia. Los estudiantes participan en sesiones presenciales en el centro formativo y complementan su aprendizaje con actividades y recursos en línea.

   — **Ventajas:** la modalidad mixta es considerada por muchos expertos como la más efectiva, ya que combina lo mejor de ambos mundos. Ofrece la flexibilidad del aprendizaje a distancia y, al mismo tiempo, permite a los estudiantes beneficiarse de la interacción directa con el formador y sus compañeros durante las sesiones presenciales. Además, permite al alumnado trabajar a su propio ritmo en las actividades *online* y reforzar sus conocimientos en un ambiente presencial.

— **Limitaciones:** requiere una planificación detallada para equilibrar las actividades presenciales y virtuales de manera coherente. También puede demandar una mayor organización por parte de los estudiantes y los formadores para gestionar los tiempos y recursos de ambas modalidades.

Cada modalidad tiene su lugar en el panorama educativo actual y puede ser más o menos adecuada dependiendo del contexto, los objetivos formativos y las características de los estudiantes.

■ La formación presencial es ideal para aquellos que valoran la interacción personal y necesitan un acompañamiento cercano.

■ La formación a distancia es una excelente opción para personas que requieren flexibilidad y autonomía en su aprendizaje.

■ La formación mixta puede ser la elección más equilibrada, proporcionando una experiencia de aprendizaje versátil y enriquecedora.

En un mundo cada vez más interconectado y digitalizado, la capacidad de integrar las ventajas de estas modalidades permite que la formación sea más inclusiva y efectiva, adaptándose a las cambiantes necesidades de estudiantes y profesionales en diversos contextos.

3.7. Planificación de fechas de realización de los cursos en función de los criterios geográficos y los medios

En el ámbito empresarial, es responsabilidad de las empresas la planificación y gestión de la formación de sus trabajadores. Esta labor no solo contribuye al desarrollo individual de cada empleado, sino que también tiene un impacto directo en el rendimiento organizacional, mejorando la productividad, la eficiencia y la adaptación al cambio.

La correcta planificación formativa es un proceso fundamental que debe ser llevado a cabo con un enfoque estratégico, teniendo en cuenta tanto las necesidades del negocio como las de los empleados.

1. **Diagnóstico de necesidades formativas.** Toda planificación formativa debe comenzar con la identificación de las situaciones que demandan formación dentro de la organización. Esto implica reconocer las áreas en las que los trabajadores necesitan adquirir nuevas competencias, habilidades o conocimientos para desempeñar sus funciones de manera más eficiente y adaptarse a los cambios del entorno laboral. Este proceso se conoce como «Diagnóstico de Necesidades Formativas».

   En la literatura especializada, este proceso también es referido como «Evaluación o Análisis de Necesidades», términos que hacen referencia a la misma etapa inicial.

Sin importar el nombre, el objetivo principal es determinar qué competencias son necesarias para mejorar el desempeño de los trabajadores y la organización en general. Este análisis puede abarcar distintos aspectos, tales como las carencias en habilidades técnicas, la necesidad de desarrollar habilidades blandas como la comunicación o el trabajo en equipo, o la actualización frente a nuevas normativas o tecnologías.

El diagnóstico de necesidades se puede realizar mediante diversos métodos, tales como encuestas, entrevistas con empleados y líderes, observación directa en el entorno laboral o análisis de los resultados de desempeño. Esto permite obtener una visión clara y detallada de las áreas que requieren intervención formativa.

2. **Toma de decisiones en la planificación.** Una vez identificadas las necesidades formativas, la siguiente fase consiste en tomar decisiones sobre las áreas de contenido que se deben abordar en el curso de formación. Esto implica decidir cuáles son los temas clave que los trabajadores deben aprender para alcanzar los objetivos establecidos. Además, se debe determinar el enfoque pedagógico y los recursos necesarios para asegurar que el proceso de formación sea efectivo.

En este proceso, es fundamental tener en cuenta varios factores. Uno de los más importantes es la adecuación de los contenidos a las competencias específicas requeridas por los trabajadores y el tipo de actividad que desempeñan. La formación debe ser pertinente y directamente aplicable a su puesto de trabajo, lo que aumentará su relevancia y facilitará su integración en la práctica laboral diaria.

3. **Planificación temporal y logística.** Otro aspecto crucial en la planificación formativa es la determinación de las fechas más adecuadas para llevar a cabo los cursos, teniendo en cuenta las disponibilidades de los trabajadores. Esta planificación debe considerar el calendario laboral de la empresa, las cargas de trabajo y los períodos de mayor o menor demanda para garantizar que los empleados puedan participar sin afectar la operación diaria de la empresa.

La ubicación de la formación también es un factor importante. Dependiendo de si se imparte de forma presencial, a distancia o mixta, se deberán coordinar los recursos necesarios, como los espacios adecuados, la tecnología disponible, o la posibilidad de que los trabajadores participen desde sus lugares de trabajo o fuera de ellos. Es importante garantizar que todos los aspectos logísticos sean gestionados de manera eficiente para asegurar la máxima participación y aprovechamiento de los programas de formación.

Una correcta planificación formativa tiene un impacto directo en el éxito organizacional. No solo facilita el desarrollo de competencias esenciales en los empleados, sino que también contribuye a la creación de un ambiente de trabajo más motivador y comprometido. Cuando los empleados perciben que la empresa invierte en su formación, su satisfacción laboral aumenta, lo que a su vez mejora su rendimiento y reduce la rotación de personal.

Por lo tanto, la planificación de la formación debe ser un proceso reflexivo y continuo que se ajuste a las necesidades cambiantes de la empresa y sus trabajadores, asegurando así que las competencias adquiridas sean siempre pertinentes y aplicables a los retos actuales y futuros del entorno laboral.

Figura 3.14. Formando profesionales dentro de la empresa.

3.8. Determinar los sistemas de evaluación y formadores

La evaluación es un proceso fundamental en cualquier contexto formativo, ya que permite la recopilación y el análisis de información relevante para emitir juicios de valor sobre el objeto evaluado.

Estos juicios de valor son esenciales para entender cómo se están alcanzando los objetivos propuestos y, si es necesario, realizar ajustes en el proceso formativo para mejorar los resultados.

1. **Propósito de la evaluación:** la evaluación no solo tiene un carácter informativo, sino que también cumple una función crucial en la toma de decisiones posteriores. Entre estas decisiones se incluyen la calificación y la certificación del alumnado, pero su objetivo principal es identificar áreas de mejora dentro del proceso formativo. De esta forma, la evaluación permite reconducir aquellos aspectos que no se están cumpliendo con los estándares esperados y permite tomar medidas para optimizar el aprendizaje de los participantes.

   Es importante aclarar que la evaluación y la calificación no deben confundirse. La calificación es solo un aspecto dentro del proceso evaluativo y se refiere a la asignación de notas finales o puntuaciones con fines acreditativos.

En cambio, la evaluación en su totalidad tiene un alcance más amplio, ya que se enfoca en el análisis y la mejora continua del proceso de enseñanza-aprendizaje, no solo en la valoración numérica o calificativa de los estudiantes.

2. **La evaluación como proceso continuo:** la evaluación debe entenderse como un proceso continuo y planificado. A lo largo de este proceso, deben quedar especificadas diversas cuestiones esenciales que orienten tanto al formador como a los estudiantes.

   Esta planificación debe contemplar tanto metodologías cuantitativas como cualitativas, adaptadas a las características del grupo y los objetivos del curso.

   Las metodologías cuantitativas pueden incluir exámenes, cuestionarios y controles, que proporcionan datos numéricos y estadísticos sobre el rendimiento de los estudiantes.

   Por otro lado, las metodologías cualitativas pueden involucrar entrevistas, observaciones, análisis de tareas y la evaluación de habilidades o conocimientos desarrollados de manera más subjetiva y contextualizada.

   El propósito final de la evaluación es analizar las necesidades relacionadas con las tareas realizadas por el formador y por los estudiantes. Esto permitirá identificar áreas de mejora y establecer nuevas metas que se puedan abordar en futuras intervenciones formativas, garantizando así un proceso de enseñanza-aprendizaje adaptativo y en constante evolución.

3. **Adaptación de la metodología:** es esencial que la metodología de evaluación utilizada esté adecuada al grupo de estudiantes, tanto desde el punto de vista cognitivo como desde el punto de vista de la aplicación del proceso evaluativo. La metodología debe estar diseñada para ajustarse a las capacidades del grupo y ser apropiada para medir los aprendizajes y competencias que se desean evaluar.

   Además, como formadores, es crucial contar con las habilidades y conocimientos necesarios para aplicar dicha metodología de manera efectiva. Solo así podremos analizar los resultados obtenidos y extraer conclusiones válidas que nos permitan mejorar continuamente el proceso formativo.

4. **Factores fundamentales de la evaluación:** cuando se utilizan pruebas de evaluación, es importante considerar tres factores clave de medición que garantizan la calidad del proceso evaluativo:

   — **Eficacia de la prueba:** se refiere a la capacidad de la prueba para medir lo que realmente se pretende medir.

   — **Efectividad de la prueba:** evalúa si la prueba produce resultados útiles para tomar decisiones pedagógicas y ajustar el proceso formativo.

   — **Eficiencia de la prueba:** indica si la prueba es capaz de obtener resultados válidos en un tiempo y con recursos razonables.

Figura 3.15. Utilizar la evaluación como herramienta de mejora.

Estos tres factores son esenciales para asegurar que las pruebas de evaluación sean adecuadas y efectivas. Si se cumplen, la evaluación será válida, creíble y confiable. En términos más específicos, estos factores se corresponden con los principios de validez, credibilidad y fiabilidad de las pruebas de medición.

5. **Validez, fiabilidad y credibilidad**

— **Fiabilidad:** la fiabilidad de una prueba se refiere a su capacidad para ofrecer resultados consistentes y estables. Esto implica que, si la prueba se aplica varias veces, los resultados obtenidos deben ser similares, sin importar quién la administre. Una prueba fiable tiene un margen de error reducido, lo que asegura que los resultados sean precisos y exactos.

— **Validez:** la validez se refiere a la capacidad de la prueba para medir lo que realmente se pretende medir. Es decir, una prueba válida mide correctamente la competencia, habilidad o conocimiento que se desea evaluar, y no otros aspectos no relacionados. La validez no depende de la herramienta en sí, sino del significado de las puntuaciones obtenidas y lo que estas indican respecto al aprendizaje de los estudiantes.

— **Credibilidad:** la credibilidad se refiere a la veracidad de los resultados obtenidos a través de la evaluación. Es importante que las mediciones reflejen de manera fiel el aprendizaje de los estudiantes y no estén influidas por percepciones subjetivas o prejuicios. Para ello, deben utilizarse herramientas de evaluación adecuadas y bien fundamentadas.

6. **Evaluación cuantitativa y cualitativa:** al hablar de evaluación, generalmente se hace una distinción entre evaluación cuantitativa y cualitativa. Aunque ambas modalidades se utilizan para medir el aprendizaje, cada una tiene sus propias características. La evaluación cuantitativa se enfoca en la recopilación de datos

numéricos a través de exámenes, pruebas estandarizadas o cuestionarios, mientras que la evaluación cualitativa se basa en el análisis más profundo de las experiencias, habilidades y conocimientos de los estudiantes mediante observaciones, entrevistas y análisis de tareas.

En la práctica, ambas evaluaciones pueden combinarse para obtener una visión más completa del progreso y las competencias de los estudiantes, adaptándose así a los diferentes contextos de aprendizaje.

La evaluación desempeña diversas funciones dentro del proceso formativo. A continuación, detallamos las cuatro funciones principales que puede cumplir la evaluación en un entorno educativo:

1. **Función de diagnóstico:** la función de diagnóstico se centra en la identificación de los conocimientos previos de los estudiantes al inicio de un proceso formativo. Como formadores, esta evaluación nos permite conocer el punto de partida de cada alumno, sus competencias, habilidades y las áreas en las que puede necesitar más apoyo. A través de pruebas diagnósticas, entrevistas o encuestas, podemos obtener una visión clara de qué conocimientos previos posee el grupo y qué aspectos podrían requerir mayor atención a lo largo del curso. Esta función es crucial, ya que ayuda a personalizar el aprendizaje, adaptar los contenidos y diseñar actividades que respondan mejor a las necesidades y características del alumnado. De esta manera, se garantiza que el proceso formativo se inicie sobre una base sólida y adecuada para cada estudiante.

2. **Función de control:** una vez iniciada la formación, la evaluación cumple una función de control que permite verificar qué es lo que los estudiantes han aprendido hasta el momento. Esta función se lleva a cabo a través de evaluaciones periódicas, como exámenes, pruebas escritas o ejercicios prácticos, que sirven para medir el nivel de comprensión de la materia impartida. El control no solo tiene el propósito de medir el rendimiento individual de cada estudiante, sino también de verificar si los objetivos de aprendizaje se están alcanzando de manera efectiva.

   Este tipo de evaluación es esencial para detectar áreas de dificultad o contenidos que necesitan ser reforzados, y también permite ajustar las estrategias pedagógicas si es necesario. La función de control ayuda a garantizar que los estudiantes estén progresando de acuerdo con las expectativas del curso.

3. **Función de mejora:** la evaluación con fines de mejora tiene un carácter formativo y se realiza durante todo el proceso de enseñanza-aprendizaje. A diferencia de la evaluación sumativa, que se enfoca en calificar el desempeño final del alumnado, la evaluación formativa busca hacer ajustes continuos que favorezcan el aprendizaje. Esta función se centra en ofrecer retroalimentación constante tanto a los estudiantes como a los formadores. Se evalúan aspectos como la comprensión de los contenidos, la ejecución de actividades prácticas, la participación en clase y el desarrollo de habilidades.

Con base en los resultados obtenidos, el formador puede hacer ajustes en los materiales, actividades, contenidos, metodología o en la manera en que se abordan ciertos temas. Igualmente, los estudiantes pueden recibir orientación sobre cómo mejorar su desempeño y qué áreas deben reforzar. La función de mejora es clave para crear un entorno de aprendizaje flexible, en el que los estudiantes tengan la oportunidad de corregir y optimizar su aprendizaje antes de que se realice una evaluación final.

4. **Función de acreditación:** la función de acreditación tiene que ver con la validación oficial del aprendizaje y los logros alcanzados por los estudiantes al final del proceso formativo. Esta función puede extenderse a la evaluación de diversos aspectos relacionados con el proceso educativo, no solo el desempeño de los estudiantes. A través de evaluaciones finales, exámenes de certificación o evaluaciones de competencias, se otorgan títulos, diplomas o certificados que acreditan los conocimientos y habilidades adquiridos. Además, la función de acreditación puede aplicarse a otros elementos dentro del proceso formativo, como la evaluación de los formadores, el propio programa educativo, los materiales utilizados, el centro educativo y las infraestructuras. Esta función tiene un propósito formal, asegurarse de que el proceso de formación cumple con los estándares de calidad establecidos y que los estudiantes han alcanzado los objetivos de aprendizaje necesarios para avanzar o continuar con su desarrollo profesional.

Figura 3.16. La evaluación forma parte del proceso de formación.

3.9. Elaboración del presupuesto de formación

En la organización del presupuesto de formación dentro de una empresa, existen diversas modalidades que pueden adaptarse a las necesidades y estructura organizativa. Estas modalidades incluyen la centralización o descentralización de los fondos destinados a la formación de los empleados, y cada una tiene sus características específicas:

1. **Presupuesto centralizado:** el presupuesto centralizado es un presupuesto único que se destina a la formación de todos los trabajadores de la empresa, sin distinción de áreas o departamentos. En este caso, los fondos destinados a la formación suelen estar incluidos dentro del presupuesto general de la dirección de recursos humanos. Los responsables de recursos humanos o de formación son quienes gestionan y distribuyen dicho presupuesto de acuerdo con los objetivos y necesidades globales de la empresa.

   La asignación de los recursos se realiza en función de los objetivos estratégicos planteados por la dirección, y la gestión de este presupuesto se caracteriza por su enfoque uniforme para toda la organización. Una de las ventajas de este modelo es la facilidad en la supervisión y control de los fondos, ya que todo está centralizado en un solo lugar. Sin embargo, también puede presentar limitaciones si las necesidades formativas de los diferentes departamentos o áreas no son tomadas en cuenta adecuadamente.

2. **Presupuesto diferenciado:** a diferencia del presupuesto centralizado, el presupuesto diferenciado se asigna directamente a la dirección de formación, lo que significa que esta área tiene la responsabilidad de gestionar y utilizar los fondos disponibles para la formación de los empleados. Este tipo de presupuesto se considera más flexible, ya que permite a la dirección de formación tomar decisiones más específicas en función de las necesidades de cada unidad o equipo.

   Además, dentro de este modelo de presupuesto, existen dos subcategorías que se aplican dependiendo de la estructura organizativa de la empresa:

   — **Planes sectoriales:** en algunas ocasiones, una organización empresarial o sindical prepara un plan de formación destinado a un sector económico en particular. En este caso, la organización que representa el sector es la responsable de gestionar el presupuesto para las acciones formativas dentro de ese ámbito. Los planes sectoriales suelen responder a necesidades comunes de formación que afectan a varias empresas dentro del mismo sector, lo que permite establecer una planificación más organizada y coherente en el ámbito sectorial.

   — **Presupuestos divisionales:** este tipo de presupuesto se aplica cuando la empresa decide dividir los fondos destinados a la formación entre sus distintas unidades o divisiones. Cada unidad es responsable de gestionar el presupuesto asignado, lo que permite una mayor autonomía y personalización en el desarrollo de programas de formación específicos para cada área. La función de supervisión y seguimiento del presupuesto recaerá en la dirección de formación, que se encarga de controlar que los fondos se utilicen correctamente y de acuerdo con los objetivos formativos establecidos para cada unidad.

Criterios para elaborar un presupuesto de formación: a la hora de elaborar un presupuesto de formación, existen diversos criterios que pueden guiar la asignación de los fondos. Estos criterios permiten a las empresas establecer una distribución adecuada de los recursos destinados a la formación, teniendo en cuenta diferentes factores organizativos y económicos. A continuación, se describen algunos de los criterios más comunes:

- **Cantidad por trabajador:** este criterio establece una cantidad fija que se destinará a cada empleado para su formación. La cantidad puede ser igual para todos los trabajadores o variar según el nivel jerárquico, el rol en la empresa o la experiencia. Este presupuesto por trabajador suele estar establecido en el convenio colectivo de la empresa, lo que asegura que todos los empleados tengan acceso a las mismas oportunidades formativas, dentro de lo que establece la organización.

- **Inversión de las empresas del sector:** en este caso, el presupuesto se establece comparando la inversión en formación de otras empresas dentro del mismo sector. Si bien este criterio puede servir como referencia para saber cuánto invierten otras organizaciones, no siempre es adecuado, ya que las necesidades de formación pueden variar significativamente entre empresas, incluso dentro del mismo sector. La comparación con otras empresas puede resultar en un presupuesto que no se ajuste correctamente a las necesidades específicas de la organización.

Figura 3.17. Ajustar los presupuestos para la formación.

- **Porcentaje sobre facturación:** este criterio fija el presupuesto de formación en función de un porcentaje determinado sobre la facturación anual de la empresa. Este porcentaje, que suele estar definido en el convenio colectivo, vincula directamente el presupuesto de formación con el rendimiento económico de la empresa. De esta manera, si la empresa tiene un buen desempeño financiero, el presupuesto para formación será mayor. Sin embargo, este criterio puede no ser ideal en situaciones de crisis o de caídas en la facturación, ya que puede provocar una disminución en la inversión formativa, aunque la formación siga siendo necesaria para mejorar la competitividad de la empresa.

- **Porcentaje sobre beneficios:** al igual que el criterio anterior, este modelo vincula el presupuesto de formación a los beneficios obtenidos por la empresa. Un porcentaje sobre los beneficios se destina a financiar las actividades formativas de la organización. Aunque este sistema puede resultar adecuado en términos de equidad, presenta el inconveniente de que, cuando los beneficios disminuyen, la formación también podría verse reducida, lo cual es contraproducente en momentos de crisis, donde precisamente podría ser más importante formar a los empleados para mejorar la competitividad.

- **Porcentaje sobre la nómina:** este es uno de los criterios más utilizados en las empresas, ya que establece el presupuesto de formación en función de un porcentaje sobre la nómina bruta total de la empresa. Este porcentaje es fijado en el convenio colectivo y se aplica a toda la organización. Este criterio es fácil de implementar y entender, ya que se basa en una cifra ya conocida: el total de la nómina de la empresa. Sin embargo, también presenta limitaciones, ya que la cantidad destinada a formación puede no ser suficiente en algunos casos o ser excesiva si la empresa tiene una nómina elevada, pero un número reducido de empleados.

Figura 3.18. Conocer la estructura administrativa de la empresa.

3.10. Conclusiones

Antes de llevar a cabo cualquier actividad formativa dentro de una empresa, es esencial realizar un diagnóstico detallado para identificar cuáles son las necesidades reales que deben ser cubiertas a través de la formación. Esto implica un análisis profundo de las situaciones existentes en la organización y la determinación de los problemas especí-ficos que requieren una intervención formativa.

En muchos casos, los déficits en el rendimiento de los empleados, la aparición de un mal clima laboral, las quejas recurrentes de los clientes, los accidentes laborales o las enfermedades profesionales no necesariamente se resuelven mediante la formación. Si bien la capacitación puede ser una herramienta útil, en algunas situaciones existen alternativas más eficaces y rentables que pueden abordar estos problemas de manera más directa. Por ejemplo, un mal clima laboral podría derivarse de una falta de comu-nicación interna o de una estructura organizativa deficiente, lo cual podría solucio-narse con cambios en la gestión o en la cultura organizacional más que con una capacitación técnica o de habilidades interpersonales.

De igual manera, los accidentes laborales y las enfermedades profesionales pueden ser causadas por factores relacionados con la seguridad en el trabajo, la falta de me-didas preventivas o de condiciones adecuadas en el entorno laboral, lo cual requiere una intervención en términos de infraestructura, protocolos de seguridad o bien, en al-gunos casos, la contratación de personal especializado en seguridad laboral. Por lo tanto, es importante no asumir que todo problema dentro de la organización tiene una solución formativa, ya que las soluciones pueden variar dependiendo de la causa raíz del problema.

La formación será verdaderamente útil solo si logra un impacto directo en el desarro-llo y rendimiento del trabajador. En otras palabras, la capacitación tiene un valor real cuando, a través de ella, los empleados logran realizar sus funciones laborales y profe-sionales de manera más eficiente y efectiva. Si la formación no mejora el desempeño o no se adapta a las necesidades específicas del puesto de trabajo, es probable que no produzca los beneficios esperados, por lo que es esencial que cada programa de formación esté alineado con los objetivos estratégicos de la empresa y con las com-petencias que realmente se necesitan desarrollar en los empleados.

La planificación de la formación dentro de una empresa debe estar orientada al de-sarrollo de los recursos humanos, ya que su objetivo principal es identificar las nece-sidades formativas relacionadas con las capacidades y el potencial humano de los empleados.

A partir de ese diagnóstico, se pueden diseñar y ejecutar acciones formativas espe-cíficas para cubrir esas necesidades, contribuyendo al crecimiento profesional de los trabajadores y al éxito organizacional en general. Para ello, se debe hacer una evalua-ción precisa de las habilidades existentes en la plantilla y de aquellas que deben ser fortalecidas, con el fin de desarrollar programas formativos que sean realmente útiles y que impacten positivamente en el rendimiento global de la empresa.

ACTIVIDADES FINALES

TEXT DE EVALUACIÓN

3.1. **¿Cuál es el primer paso en la elaboración de un Plan de Formación?**

a) Realizar un análisis de necesidades formativas.

b) Asignar el presupuesto.

c) Seleccionar al formador.

3.2. **¿Qué se entiende por «acción formativa»?**

a) Una técnica de evaluación.

b) Una unidad estructurada dentro del plan que responde a una necesidad de formación específica.

c) Un recurso didáctico.

3.3. **¿Qué característica debe tener un objetivo operativo?**

a) Ser general y abierto.

b) Ser medible, concreto y alcanzable.

c) Ser únicamente a largo plazo.

3.4. **¿Por qué es importante la selección y organización de los contenidos?**

a) Para cumplir con los requisitos de auditoría.

b) Para asegurar una progresión lógica en el aprendizaje.

c) Para hacer el curso más largo y completo.

3.5. **¿Qué criterio principal se debe tener en cuenta al elegir una estrategia didáctica?**

a) La estética de la presentación.

b) Las características del alumnado y los objetivos de aprendizaje.

c) El número de diapositivas que se pueden usar.

3.6. **¿Qué modalidad formativa permite una combinación entre autonomía y guía del formador?**

a) Presencial.

b) A distancia.

c) Semipresencial.

ACTIVIDADES FINALES

3.7. **¿Por qué es relevante planificar las fechas de formación en función de criterios geográficos?**

a) Para facilitar el acceso de los participantes y optimizar recursos logísticos.

b) Para dividir los cursos por zonas horarias.

c) Para reducir la duración de los cursos.

3.8. **¿Qué se debe considerar al determinar los sistemas de evaluación?**

a) El formato del diploma.

b) La validez, fiabilidad y adecuación al objetivo de aprendizaje.

c) Las opiniones personales del formador.

3.9. **¿Qué se incluye al elaborar el presupuesto de formación?**

a) Solamente los costes del aula.

b) Costes de diseño, ejecución, materiales, logística y personal formador.

c) Gastos generales de la empresa.

3.10. **¿Qué objetivo tiene la planificación detallada de la formación?**

a) Cumplir con la normativa laboral.

b) Garantizar la eficacia del proceso y la alineación con los objetivos organizativos.

c) Aumentar el número de cursos anuales.

Evaluación

Hablar de evaluación implica, previamente, planificar la acción formativa y elaborar el diseño más adecuado en función de la realidad que será objeto de evaluación.

Los protagonistas de la evaluación deben ser aquellos que participan dinámicamente en la actividad educativa; es decir, los usuarios deben involucrarse directamente en el proceso evaluativo.

La evaluación interna (realizada por quienes llevan a cabo el programa) facilita la toma de decisiones relacionadas con la mejora continua del mismo. En cambio, la evaluación externa tiene menos impacto directo sobre el programa, ya que el evaluador, al estar ajeno a la institución, tiene menos capacidad para realizar cambios o sugerir mejoras concretas.

4.1. Tipos de evaluaciones

Como ocurre en muchas disciplinas dentro de las ciencias sociales, en el ámbito de la evaluación educativa sería difícil y probablemente incorrecto ofrecer una única definición de los términos sin haber revisado y considerado previamente las diversas definiciones existentes sobre el tema (Ruiz Bueno, 2007).

Las definiciones de evaluación se pueden clasificar según su enfoque:

- **Evaluaciones centradas en el logro de objetivos:** enfocadas en la medición del rendimiento de los estudiantes y en los resultados obtenidos.

- **Evaluaciones como emisión de juicios de valor:** que se enfocan en determinar méritos o el valor de una acción.

- **Evaluaciones como proceso de recogida de información:** orientadas a la toma de decisiones sobre el programa o actividad.

De forma general, podemos definir la evaluación como un proceso sistemático de recogida de información, organizado en todas sus fases, con la principal preocupación de garantizar la objetividad y la totalidad de los datos obtenidos.

Toda la información recogida debe ser válida y fiable, intentando abarcar todos los aspectos de la realidad evaluada. Para ello, es fundamental utilizar instrumentos variados, aplicados en diferentes circunstancias y momentos, y contar con la participación de diversos actores involucrados en la acción formativa.

4.1.1. Evaluación de la satisfacción del alumnado

Los estudios sobre satisfacción del alumnado son fundamentales, aunque a veces complejos. En muchas ocasiones, cuando un alumno está insatisfecho, opta por guardar silencio para evitar conflictos o por no comprometer a nadie. Este silencio es peligroso, ya que, con la alta competencia existente, es difícil que el alumno vuelva a participar en alguna formación futura con la misma organización.

Para evaluar el grado de satisfacción del alumnado, podemos recurrir a varios métodos, tales como:

- **Observación**

    Es crucial observar detalladamente los mensajes verbales (quejas explícitas, tono de voz) y no verbales (gestos, miradas, sonrisas) que los estudiantes transmiten.

Además, es útil realizar observaciones externas con personas que no estén directamente involucradas en el proceso, pero que puedan percibir la satisfacción de los alumnos.

- **Encuestas**

Es recomendable diseñar cuestionarios para recoger la opinión de los estudiantes durante todo el proceso formativo. También es útil tener un buzón de sugerencias donde los alumnos puedan expresar sus opiniones libremente.

- **Formularios**

Los formularios son herramientas esenciales para recopilar información detallada sobre la satisfacción de los participantes en una acción formativa. Permiten a los formadores evaluar aspectos como la utilidad, la metodología, la organización, los recursos y la actuación del formador. Esta herramienta facilita la identificación de áreas de mejora, la corrección de posibles fallos y el esclarecimiento de dudas o malentendidos que puedan haber surgido durante la formación.

El cuestionario debe ser adaptado al diseño específico de cada acción formativa y enviado tras la finalización de la actividad.

4.1.2. Evaluación del profesorado

El formador juega un papel crucial en el proceso de enseñanza-aprendizaje, ya que es quien puede potenciar la calidad de los contenidos y motivar al alumnado para que se interese por los mismos.

La evaluación del formador debe realizarse desde el inicio del proceso formativo. Esto implica comenzar por la selección del formador y continuar con una evaluación continua a lo largo de toda la acción formativa, lo que permite detectar y corregir posibles errores de manera oportuna. Las principales cualidades que deben evaluarse en los formadores son: sus conocimientos, habilidades y actitudes en el aula.

El formador a de establecer en su programa formativo y el método o métodos que va a utilizar para desarrollar los contenidos de formación. No hay métodos mejores ni peores, estos se deben establecer en función de diferentes aspectos que hay que tener en cuenta: tipo de alumnado, recursos disponibles, naturaleza del contenido a impartir, etc.

La evaluación de la metodología, por lo tanto, intentaría establecer la adecuación de esta a los diferentes factores que influyen en su puesta en marcha. Aun así, algunas características que pueden definir a un buen método serían:

- Aquel que permite la reflexión del alumnado.

- Aquel que respeta la libertad de pensamiento y de creación del alumnado.

- Aquel que motiva al alumno, relacionando los contenidos con sus intereses y necesidades.

- Aquel que organiza los nuevos aprendizajes de manera que se integren con los ya aprendidos.

- Aquel que tiene en cuenta las limitaciones y posibilidades de cada participante.

- Aquel que permite el trabajo en grupo unido a tareas de acción individualizada.

4.1.3. Evaluación del aprendizaje

El «contrato» del servicio de formación es el pliego de condiciones o el documento que establece claramente qué aspectos se desean mejorar o solucionar, así como las competencias que se quieren desarrollar o mejorar.

Sin un punto de partida claro, lo único que podremos evaluar será el clima de la formación, la satisfacción de los alumnos y el grado en que son capaces de reproducir las ideas, conceptos o informaciones transmitidas por el formador a través de pruebas o exámenes.

La evaluación no debe limitarse a ser un análisis final del ajuste entre el producto formativo y los requerimientos contractuales. Debe comenzar cuando definimos las actitudes, conocimientos y destrezas que queremos desarrollar o mejorar en un contexto determinado, y debe concluir cuando verificamos el grado real de desarrollo de esas competencias, tanto en el contexto de trabajo como en la vida cotidiana. Además, debemos analizar cómo la acción formativa ha influido en la mejora de la organización.

A lo largo del proceso, evaluamos no solo el ritmo de adquisición de esas competencias, sino también los factores de satisfacción y las propuestas de mejora provenientes de los participantes (alumnos, formadores y responsables del servicio de formación).

4.1.4. Seguimiento

La evaluación es esencial para la mejora de cualquier actividad humana. Solo mediante una reflexión crítica sobre el desarrollo de las acciones realizadas podemos poner en marcha procesos de mejora basados en el ámbito educativo.

Este proceso de reflexión debe ser compartido, dando cabida a los distintos actores involucrados en la formación, lo que enriquece las propuestas de mejora al integrar las perspectivas de cada uno de ellos.

En cuanto al plan de formación, es crucial evaluar su desarrollo a través de la concreción anual y llevar a cabo un seguimiento de las acciones para asegurarse de que todo se lleva a cabo como se había previsto.

Entre los procedimientos de seguimiento que pueden implementarse se incluyen:

- Reuniones de coordinación

- Cuestionarios

- Análisis de los resultados y de las pruebas de diagnóstico

- Entrevistas

- Memorias finales

- Reuniones de coordinación

Las reuniones de coordinación son momentos clave dentro del proceso de planificación y desarrollo de cualquier programa formativo. Actúan como un espacio de reflexión colectiva, análisis y debate. A través de ellas, se pueden identificar las dificultades que puedan estar surgiendo durante la implementación del plan de formación, así como establecer un espacio para consensuar el enfoque y desarrollo de las acciones que hay que seguir. Estas reuniones, por lo tanto, no solo sirven para hacer seguimiento, sino que son fundamentales también para realizar una evaluación continua del proceso.

En estos encuentros, los responsables de la coordinación pueden poner en común las experiencias y los avances logrados, y detectar posibles áreas de mejora. Además, representan una oportunidad para discutir ajustes necesarios en el plan de formación de acuerdo con los resultados obtenidos hasta el momento. La coordinación constante entre los diferentes agentes involucrados en el proceso formativo garantiza que el plan se ejecute conforme a lo esperado, mejorando la calidad y el impacto de las acciones a medida que se van desarrollando.

Figura 4.1. Reuniones de coordinación.

Los cuestionarios anónimos son una de las herramientas más utilizadas para evaluar la satisfacción y la percepción de los participantes en un proceso formativo. Estos pueden ser completados por diferentes agentes de la comunidad educativa, tales como tutores, docentes y los propios alumnos. La información que se recopila a través de estos cuestionarios es sumamente valiosa, ya que proporciona una visión directa de la eficacia del plan de formación y de las actividades que se han llevado a cabo para su implementación.

Los cuestionarios permiten medir aspectos clave como la idoneidad del plan, la relevancia de las actividades formativas, la calidad de los contenidos impartidos, la motivación del alumnado, y la satisfacción general con los resultados alcanzados. Además, proporcionan información útil sobre posibles áreas de mejora que podrían no haber sido evidentes durante el desarrollo del plan. Este *feedback* directo es crucial, ya que permite hacer ajustes inmediatos o introducir nuevas estrategias que puedan mejorar la experiencia de aprendizaje.

Los resultados de estos cuestionarios no solo sirven para valorar el desempeño del plan, sino también para considerar la inclusión de nuevas propuestas o sugerencias realizadas por los participantes.

Este enfoque participativo en la evaluación del plan de formación fomenta un entorno de mejora continua, garantizando que las acciones formativas se ajusten mejor a las necesidades y expectativas de los involucrados.

Figura 4.2. Necesitamos conocer la opinión del alumnado.

El análisis continuo de los resultados escolares del alumnado, así como de las pruebas de diagnóstico realizadas, constituye una fuente clave de información sobre la eficacia del plan de formación. Estas pruebas suelen realizarse al finalizar el segundo ciclo de la Educación Primaria, y permiten medir el impacto directo de las acciones formativas en el rendimiento académico y en el desarrollo de competencias específicas de los alumnos.

Además, este análisis tiene una dimensión fundamentalmente diagnóstica, ya que permite detectar con precisión aquellos aspectos del plan que pueden necesitar ajustes o refuerzos. Por ejemplo, si los resultados obtenidos por el alumnado muestran que algunos objetivos no se han alcanzado de manera adecuada, este análisis permitirá identificar las posibles causas y proponer soluciones. Es importante que este proceso de análisis no se limite a evaluar los resultados finales, sino que sea un proceso constante que permita realizar ajustes a tiempo, antes de que los problemas sean demasiado difíciles de resolver.

El análisis de estos resultados debe ser un proceso riguroso, basado en la recopilación y comparación de datos, y debe estar enfocado a identificar oportunidades de mejora, más que a señalar deficiencias. Al integrar este tipo de evaluaciones dentro del proceso formativo, se garantiza que el plan se mantenga alineado con los objetivos de aprendizaje y se puedan hacer mejoras continuas que beneficien tanto a los estudiantes como a los formadores.

Las entrevistas son otra fuente fundamental de información sobre la satisfacción y el desempeño del plan de formación. A través de entrevistas individuales entre

Figura 4.3. Analizar los resultados obtenidos.

los formadores y los alumnos, se pueden obtener *insights* más profundos sobre la percepción de los participantes, su grado de satisfacción y los posibles obstáculos que puedan haber experimentado durante el proceso formativo.

A diferencia de los cuestionarios, las entrevistas ofrecen un espacio para que los participantes expresen de manera detallada sus opiniones, comentarios y sugerencias. Esta interacción más personal permite al entrevistador comprender mejor las emociones y pensamientos del entrevistado, lo cual no siempre es posible a través de métodos más estructurados como los cuestionarios. Además, las entrevistas ofrecen la oportunidad de detectar problemas que quizás no se han identificado en otras formas de evaluación, como la falta de comprensión de ciertos conceptos, dificultades con la metodología utilizada o aspectos del proceso que puedan haber generado frustración entre los participantes.

Por lo tanto, las entrevistas contribuyen significativamente a obtener una visión más completa de la experiencia formativa, y permiten realizar ajustes personalizados en función de las necesidades y percepciones de cada uno de los agentes implicados.

Figura 4.4. Conocer la información de primera mano dentro de la empresa.

A C T I V I D A D E S   F I N A L E S

TEXT DE EVALUACIÓN

4.1. **¿Cuál es uno de los principales propósitos de la evaluación en el ámbito formativo?**

a) Justificar el presupuesto invertido.

b) Mejorar continuamente la calidad del proceso formativo.

c) Certificar la asistencia del alumnado.

4.2. **¿Qué evalúa la evaluación de la satisfacción del alumnado?**

a) Los conocimientos adquiridos por los estudiantes.

b) El grado de cumplimiento de los objetivos didácticos.

c) La percepción del alumnado sobre la utilidad y calidad del curso.

4.3. **¿Cuál es el objetivo de la evaluación del profesorado?**

a) Valorar la puntualidad del alumnado.

b) Analizar el desempeño docente y su impacto en el aprendizaje.

c) Controlar los horarios de clase.

4.4. **¿En qué consiste la evaluación del aprendizaje?**

a) En valorar si se han cumplido los horarios de formación.

b) En medir los conocimientos, habilidades o actitudes adquiridos por el alumnado.

c) En evaluar la cantidad de recursos utilizados.

4.5. **¿Qué aspecto mide la evaluación de seguimiento?**

a) La continuidad y aplicación de lo aprendido en el entorno laboral.

b) El uso de plataformas tecnológicas.

c) La asistencia a tutorías.

4.6. **¿En qué momento se suele realizar la evaluación de la satisfacción del alumnado?**

a) Al inicio del curso.

b) Durante el proceso de inscripción.

c) Al finalizar la acción formativa.

ACTIVIDADES FINALES

4.7. **¿Qué tipo de evaluación permite detectar si los objetivos del curso se han alcanzado por parte del alumnado?**

a) Evaluación del aprendizaje.

b) Evaluación del profesorado.

c) Evaluación de la satisfacción.

4.8. **¿Por qué es útil el seguimiento después de la formación?**

a) Para archivar los resultados del curso.

b) Para conocer el impacto real de la formación en el desempeño laboral.

c) Para evitar reclamaciones.

4.9. **¿Cuál de los siguientes instrumentos se puede utilizar en la evaluación del aprendizaje?**

a) Encuestas de satisfacción.

b) Test de conocimientos y ejercicios prácticos.

c) Rúbricas de desempeño del docente.

4.10. **¿Cuál es una característica clave de una evaluación eficaz?**

a) Que sea extensa y compleja.

b) Que sea continua, objetiva y coherente con los objetivos formativos.

c) Que esté centrada únicamente en la asistencia.

5

Conclusiones

El diseño de planes de formación en las empresas es una estrategia esencial para el desarrollo y la competitividad de las organizaciones. En el contexto empresarial actual, donde los mercados y las condiciones laborales están en constante cambio, contar con un plan formativo bien estructurado es fundamental para mejorar la eficiencia, optimizar los recursos y garantizar que los empleados estén capacitados para enfrentar los retos del futuro. Un buen plan de formación debe estar estrechamente alineado con la planificación estratégica de la empresa, y debe responder de manera efectiva a las necesidades actuales de formación, así como a las expectativas de transformación laboral y evolución tecnológica que se prevén en el futuro.

La estructura de los planes formativos varía dependiendo del modelo adoptado por la empresa, y es influenciada por factores como los objetivos estratégicos, las demandas de formación del sector, la cultura organizativa y los intereses particulares de la organización. Sin embargo, todos los planes deben tener en común el objetivo de potenciar el desarrollo integral de la empresa y de sus empleados. El diseño de un plan de formación eficaz no solo tiene un impacto directo en el rendimiento de la organización, sino que también juega un papel crucial en el desarrollo profesional de las personas que integran el equipo humano. Un plan bien diseñado permite a los empleados mejorar sus competencias, optimizar su rendimiento y contribuir activamente a los objetivos empresariales. En definitiva, la planificación de la formación debe ser vista como una gestión estratégica del conocimiento, orientada a tres grandes objetivos:

1. Generar el desarrollo y la optimización de la empresa, mejorando su competitividad en el mercado.

2. Favorecer un clima de trabajo adecuado, que promueva la motivación, el compromiso y la productividad de los empleados.

3. Potenciar las posibilidades personales, profesionales y laborales de los trabajadores, dándoles las herramientas necesarias para crecer tanto dentro como fuera de la empresa.

Este tipo de enfoque hacia la formación abre una puerta a la innovación y al cambio, transformando la organización en una entidad autocualificante, que utiliza el conocimiento y el aprendizaje continuo como motores para el progreso y la mejora. En este contexto, la formación no solo se entiende como un recurso para alcanzar objetivos a corto plazo, sino como una inversión estratégica que garantiza el crecimiento a largo plazo y la adaptación constante de la empresa a los cambios del entorno laboral.

Glosario

- **Acciones de formación:** conjunto de actividades diseñadas para desarrollar habilidades o adquirir conocimientos específicos dentro de un proceso formativo.

- **Contenidos formativos:** información, habilidades y competencias que se desarrollan en un curso de formación, organizados en temas, módulos o unidades didácticas.

- **Criterios geográficos y medios:** factores logísticos que influyen en la planificación de cursos, como la localización de los participantes y los recursos tecnológicos disponibles.

- **Definición de necesidades estratégicas:** necesidades de formación relacionadas con la visión y los objetivos a largo plazo de una organización.

- **Definición de necesidades inmediatas:** áreas de mejora formativa que requieren atención urgente para solucionar deficiencias actuales.

- **Determinación de necesidades de formación:** proceso de identificar las áreas donde los empleados requieren desarrollo de habilidades o conocimientos para mejorar su desempeño o alcanzar objetivos estratégicos.

- **Didáctica:** estrategias y metodologías empleadas en el proceso de enseñanza para facilitar el aprendizaje.

- **Evaluación del aprendizaje:** proceso de medir el grado en que los participantes han alcanzado los objetivos formativos establecidos.

- **Evaluación del profesorado:** valoración del desempeño del docente durante la acción formativa, considerando su capacidad pedagógica, metodología y gestión del curso.

- **Evaluación de la satisfacción del alumnado:** medida de la percepción y valoración de los estudiantes sobre la formación recibida, el contenido y los recursos proporcionados.

- **Evaluación formativa:** evaluación continua realizada durante el proceso de aprendizaje para mejorar la enseñanza y el aprendizaje.

- **Evaluación sumativa:** proceso de evaluación realizado al final de una acción formativa para determinar la eficacia global del programa.

- **Formación a distancia:** modalidad de formación que permite a los participantes aprender de manera autónoma utilizando recursos online o materiales enviados por correo.

- **Formación presencial:** modalidad de aprendizaje en la que los participantes asisten físicamente a sesiones dirigidas por un formador.

- **Formación semipresencial:** combinación de sesiones presenciales y a distancia para ofrecer flexibilidad sin perder la interacción directa con el formador.

- **Función de la formación en la gestión de RR. HH.:** rol que desempeña la formación como herramienta estratégica para desarrollar el capital humano, mejorar la productividad y alcanzar objetivos organizacionales.

- **Manual de funciones:** documento que detalla las responsabilidades, competencias y expectativas asociadas a cada puesto de trabajo dentro de una organización.

- **Necesidades de formación:** brechas de conocimiento o habilidades que deben cubrirse mediante actividades formativas para mejorar el desempeño de los empleados.

- **Objetivos de aprendizaje:** metas específicas que definen los conocimientos o habilidades que los participantes deben adquirir al completar una formación.

- **Objetivos operativos:** resultados prácticos y medibles derivados de los objetivos de aprendizaje.

- **Perfil de exigencias:** conjunto de competencias, conocimientos y habilidades necesarios para desempeñar un puesto de trabajo de manera eficaz.

- **Plan de formación:** documento estratégico que detalla las acciones formativas previstas para una organización, incluyendo objetivos, contenidos, recursos y métodos de evaluación.

- **Presupuesto de formación:** estimación de los costos asociados a la implementación de un plan de formación, incluyendo materiales, salarios de formadores y gastos operativos.

- **Seguimiento:** proceso continuo de monitoreo del desarrollo de las acciones formativas para asegurar su correcta ejecución y lograr los resultados esperados.

- **Técnicas e instrumentos de evaluación:** herramientas y métodos utilizados para analizar la eficacia de la formación, como encuestas, pruebas de conocimiento o actividades prácticas.

Bibliografía

■ De Alba Galván, C. *Evaluación del proceso de enseñanza-aprendizaje en Formación Profesional para el Empleo,* Ediciones Paraninfo S. A., 2015.

■ Garriga Rodríguez, A. *Guía práctica en gestión de proyectos. Aprende a aplicar las técnicas de gestión de proyectos,* Editorial Albert Garriga Rodríguez, 2019.

■ Laloux F. *Reinvertar las organizaciones,* Arpa Editores, 2016.

■ Reina, A., y Paz, M. *Gestión de la formación en la empresa,* Ediciones Pirámide, 2005.

■ Suárez Martínez, M. *Impartición de acciones formativas para el empleo,* Ediciones ParanInfo S. A., 2015.

■ Urien Angulo, B. *Gestión estratégica de recursos humanos y políticas de formación,* Editorial Sanz y Torres, S. L., 2010.